U0112087

大展好書　好書大展
品嘗好書　冠群可期

運動精進叢書 2

# 怎樣投得遠

主　　編：沈信生
副主編：張英波
編　　委：張英波　　王法祥
　　　　　曲淑華　　徐樹魁
　　　　　沈信生

大展出版社有限公司

# 目 ● 錄

## 如果你喜歡投擲
### ——給 8～12 歲的小朋友

### （初級階段）

怎樣投得遠

# 如果你想投得遠
──給 13～14 歲的小朋友

## （中級階段）

目錄

# 如果你想投得遠

## ——給 15～17 歲的青少年朋友

### （高級階段）

目錄

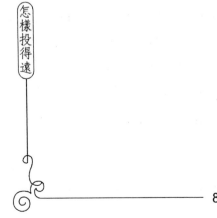

怎樣投得遠

# 如果你喜歡投擲

## ——給 8～12 歲的小朋友

## （初級階段）

## 1.1 什麼是投擲

投擲就是把手中的東西用力扔出去。類似的例子在我們的生活中處處可見，譬如小朋友們扔石頭、打水漂，少數民族的拋繡球，士兵們扔手雷、手榴彈等等，都是投擲。

### 1.1.1 體育比賽中都有哪些投擲項目

任何一種投擲都可以進行比賽。如扔沙包遊戲，就經常是小朋友們的一種投擲比賽。在奧林匹克運動會和正規的田徑比賽中，正式的投擲比賽項目有：推鉛球（圖 1-1）、擲標槍（圖 1-2）、擲鐵餅（圖 1-3）和擲鏈球（圖 1-4）四個項目。

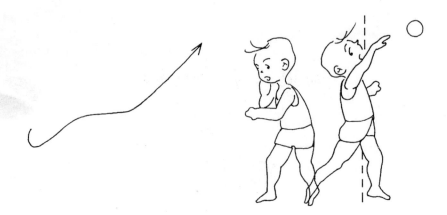

圖 1-1　推鉛球

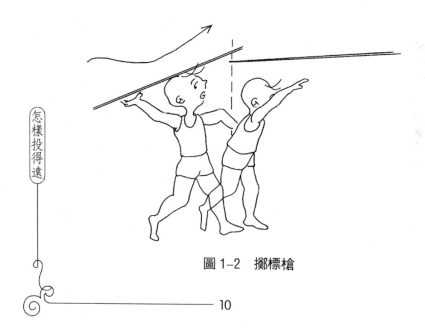

圖 1-2　擲標槍

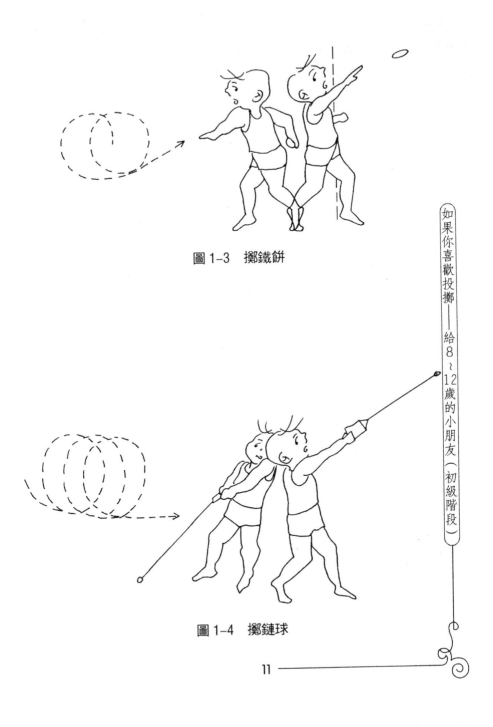

圖1-3　擲鐵餅

圖1-4　擲鏈球

圖 1-5　握持鉛球

圖 1-6　握持鐵餅

## 1.1.2　投擲有哪些特點

　　由於推鉛球、擲標槍、擲鐵餅、擲鏈球這四個項目所用的投擲物體的重量和形狀不一樣，因而它們的投擲動作有共同點也有不同點。

　　共同點是，每個項目的投擲過程都是由這樣幾個動作組成：

　　（1）握、持器械，即握持鉛球（圖 1-5）、握持鐵餅（圖 1-6）、握持標槍（圖 1-7）和握持鏈球（圖 1-8）；

　　（2）預備姿勢；滑步、助跑或旋轉；發力；

　　（3）出手；維持平衡（換腿或降低重心）。

　　不同之處是：

　　（1）鉛球發力用的是「推」；

　　（2）標槍用的是手臂的「投」；

　　（3）鐵餅和鏈球用的是「甩」。

圖 1-7　握持標槍

右手

左手

圖 1-8　握持鏈球

## 1.1.3　你想投得遠嗎

　　如果你是一個不嬌氣、不服輸、肯吃苦、喜歡投擲的孩子，那就別管自己是胖還是瘦，是高還是矮，跟我來學吧，滴水穿石，只要努力就一定會有收穫的。這裡先透露給你一點小秘密，想投得遠一是要練勁，二是要練快，三是要練動作。

　　具體的下面我一點一點地告訴你。

## 1.2 熱身活動

### 1.2.1 什麼是熱身活動

熱身活動也叫準備活動，就是為了訓練和參加比賽，在訓練前和比賽前所做的準備運動。通常我們參加運動訓練時，首先要做的內容就是熱身活動。

### 1.2.2 為什麼要進行熱身活動

熱身活動的目的是使你能在訓練中防止身體受傷，在比賽中發揮最好的投擲成績。熱身活動不僅使你的身體做好準備，還可以使你的心理也做好充分準備。

準備活動的主要目的是：

（1）伸拉肌肉、肌腱和韌帶，使你的全身舒展開來。

（2）提高身體的溫度，特別是肌肉和關節的溫度，有利於完成你要做的練習、動作等。

（3）將注意力集中於將要進行的技術練習動作。

### 1.2.3 如何進行熱身活動

熱身：一般由這樣幾個內容組成：

（1）輕微地活動腳腕、腿、腰以及頭部等，然後

開始走和慢跑或者走跑交替進行，提高肌肉的溫度，約5分鐘。

（2）柔韌性練習，拉長肌肉和韌帶，提高動作的幅度，大約10分鐘。

（3）投擲的專門練習，提高動作的協調性，為訓練課或比賽做準備，大約10分鐘。

由於每個人的體能和習慣等各不相同，熱身活動的強度和時間也不一樣，只要自己感覺身體舒展、精神振奮就達到了熱身的目的。

熱身活動範例：

（1）輕微活動腳、小腿、膝、腰等關節，然後進行富有彈性的慢走。

（2）慢跑200～400公尺。

（3）徒手操：

①頭部運動（圖1-9）

上身和下身不動，頭部前後擺動或繞環。

②上肢運動（圖1-10）

兩臂屈肘平舉到胸前，然後向兩側伸直，再向後用力振擺。接著兩臂伸直一上一下向後振擺。

③肩部繞環（圖1-11）

兩臂伸直，沿身體側面向前或向後繞環。

④體側運動（圖1-12）

一臂叉腰，另一臂直臂上舉後向一側下壓上體。

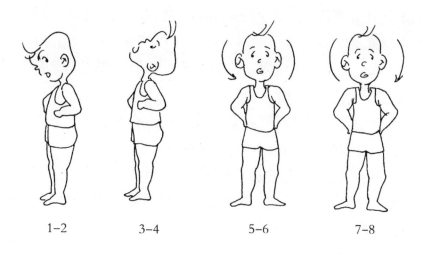

| 1-2 | 3-4 | 5-6 | 7-8 |

圖 1-9 頭部運動

怎樣投得遠

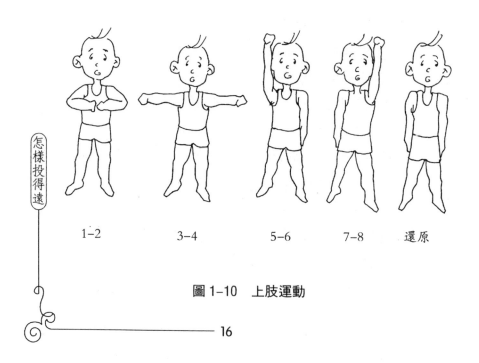

| 1-2 | 3-4 | 5-6 | 7-8 | 還原 |

圖 1-10 上肢運動

16

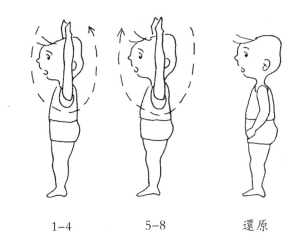

| 預備 | 1-4 | 5-8 | 還原 |

圖 1-11　肩部繞環

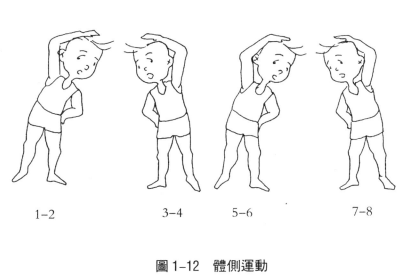

| 1-2 | 3-4 | 5-6 | 7-8 |

圖 1-12　體側運動

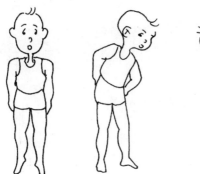

圖 1-13　腰繞環

圖 1-14　弓箭步壓腿

⑤腰繞環（圖 1-13）

兩手叉腰，頭和腳不動，轉動腰部做繞環。

（4）柔韌性和協調性練習

①弓箭步壓腿（圖 1-14）

前腿屈膝，後腿蹬直，用力向下壓上體。

圖 1-15　踢腿練習

圖 1-16　腹背運動

②踢腿練習（圖 1-15）

兩臂上舉，然後直腿向上踢腿，同時兩臂向下擺動。

③腹背運動（圖 1-16）

兩臂上舉後，上體連同兩臂向地面下壓。最好手能

圖 1–17　壓肩

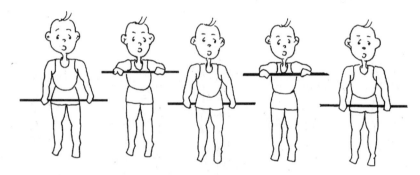

圖 1–18　繞肩練習

接觸地面。

　　④壓肩（扶肋木或牆，圖 1–17）

　　兩手扶牆或肋木，屈體直臂向下壓上體，拉伸肩部。

　　⑤繞肩練習（圖 1–18）

　　兩手握住木棍或標槍，直臂向前、向上舉過頭部，

繞到身後，再直臂向上向前繞到身前。

（5）專門的投擲練習

專門投擲練習包括：前、後拋鉛球或實心球、原地推鉛球、原地投標槍等熱身活動的總體要求是：舒展，放鬆，幅度大。全身的各個環節都要活動開。

# 1.3　整理活動

## 1.3.1　什麼叫整理活動

整理活動就是，在訓練或比賽之後進行的放鬆恢復活動。

## 1.3.2　整理活動的目的

整理活動和熱身活動一樣重要。整理活動的目的是：透過放鬆練習，逐漸降低體溫和心率，消除精神緊張和身體的疲勞，幫助你儘快恢復體力。在整理活動過程中，你還可以回想一下剛才的訓練或比賽，找一找自己的問題，爭取在下一次訓練或比賽中更快地提升。

## 1.3.3　整理活動的主要內容

整理活動的主要內容有：輕鬆慢跑，逐步降低身體的體溫和心率；伸展肌肉，消除肌肉中的廢物；按摩、

熱水浴或游泳；呼吸調節、嘆氣、默念、音樂、遠望（天空、大海、高山）；積極性休息（如運動遊戲）。

# 1.4 怎樣才能投擲得遠

要想投得遠，首先要投得好；要想投得好，就必須學會正確的基本投擲動作。在這一章裡你可以學到一些投擲的入門知識。

## 1.4.1 怎樣原地推鉛球

### （1）握球

首先我們學習一下鉛球的握法。把你的右手自然分開，將鉛球放在中間三個手指的指根部位，其餘兩個手指扶在鉛球兩側，放鬆自然，手背屈（參看圖 1-5）。

### （2）持球

持球就是用手握住球，把球托在肩膀上貼在脖子上，使手、球和脖子為一體，這樣既省勁又穩定，為下面的滑步推球做準備（圖 1-19）。

### （3）推球

下面介紹幾種推鉛球的方法，從中可以掌握動作的

圖 1-19　持球姿勢

圖 1-20　原地正面雙手推球

基本要領。

### ①原地正面雙手推球

　　原地兩腳左右分開，與肩同寬，向前站立，雙手像持籃球一樣持球，放在胸前，上體微後傾，然後雙腳蹬地，挺胸，兩手用力將球向前上方推出（圖1-20）。

圖 1-21　原地正面推鉛球

### ②原地正面推鉛球

原地正面向前，兩腳前後分開站立，單手持鉛球，上體後傾，然後用力蹬地，挺胸，單手用力將球推出（圖 1-21）。

### ③原地側向推鉛球

原地側向站立，兩腳前後分開，呈八字形站立，單手持球於肩鎖骨窩處，左臂前上舉，上體稍後傾，後腿彎曲，用力蹬地，同時轉體向前、送髖、向前上方推出鉛球（圖 1-22）。

### ④原地背向推鉛球

原地背向推鉛球，兩腳前後站立，呈八字形，重心在後腿上，上體轉向後方，用力時，蹬伸右腿，送髖，轉體，挺胸，推球。原地推球要求自下而上的用力順序

圖 1-22　原地側向推鉛球

圖 1-23　原地背向推鉛球

和撥球動作。如圖 1-23。

　　由於原地背向推鉛球難度大，動作較複雜，因此，
在進行此項練習之前，應進行一些模仿練習（手裡不拿

圖 1-24　完整技術練習

鉛球）。

　　掌握了上面的幾個原地推鉛球的基本動作要領，你就可以繼續在原地背向推鉛球動作的基礎上，再加上一個滑步動作，進行完整的推鉛球技術練習。

　　滑步動作的要領是：先持球在投擲圈後部站立，右腳尖抵住投擲圈後沿。然後，屈膝團身，下降身體重心。之後保持身體前傾姿勢，右腿用力向投擲方向蹬伸，同時左腿向投擲方向擺動，做出推動身體向投擲方向移動的滑步動作。滑步動作結束時，右腳在投擲圈圓心附近先落地，左腳落在投擲圈前方稍偏左的落地點，進入了原地背向推鉛球的預備姿勢。把持球、滑步和原地背向推鉛球這一系列動作連貫起來，就是完整的推鉛球技術練習了（圖 1-24）。

　　進行上面的這些練習時，不要光靠手來完成動作，應該全身協調用力，把腿、腰、上體和胳膊的力量都用上，才能把鉛球推得更遠。

## 1.4.2　怎樣前、後拋鉛球

（1）前拋鉛球

　　臉朝著你要投擲的方向，雙手握球於身體的前面，兩腿稍微彎曲，不要弓腰，可以預擺 1～2 次，通過腿、腰、胸、臂、手的由下而上的順序，把球向前上方拋出去（圖 1-25）。

如果你喜歡投擲——給 8～12 歲的小朋友（初級階段）

27

圖 1-26　後拋鉛球

（2）後拋鉛球

與前拋鉛球剛好相反，臉朝著你要投擲的反方向，也就是後背對著你要投擲的方向。雙手握球於身體的前面，兩腿稍微彎曲，不要弓腰，可以預擺 1～2 次，在你的臀部稍微後坐的同時，腿、腰、胸、臂、手幾乎同時用力，把球拋向後方（圖 1-26）。

　　後拋鉛球不僅是投擲運動員的主要訓練課程，而且也是田徑其他項目的重要訓練課程，它對發展運動員的全身爆發力很有好處。

## 1.4.3　怎樣投實心球

　　實心球對兒童少年運動員的用處很多。可以用它來

替代鉛球進行推的練習，也可以進行各種拋擲練習，如前面所提到的前後拋，還可以側拋、上拋等，在這裡向你介紹的是怎樣雙手頭上投實心球。

首先，用兩手把球抱住，兩腳左右或前後分開，伸直手臂，舉到頭後，兩腿微屈，然後蹬直、振胸、摔臂把球投出去。

除此之外，還有很多練習方法，如圖 1-27。這些練習不僅可以使投擲項目需要的肌肉得到鍛鍊，而且可以使你的全身得到鍛鍊。你還可以根據上述練習舉一反三，自編自創一些練習方法。

圖 1-27　各種實心球練習

## 1.4.4　怎樣投擲壘球

　　為什麼正式體育比賽中沒有壘球項目，還要學習它呢？這主要是因為練習投擲壘球可以幫助我們更好的掌握投擲方法，鍛鍊投擲運動需要的爆發力和身體協調性，並為其他投擲項目的訓練打基礎。

（1）原地正面投壘球

面向你要投擲的方向，眼睛看前方，左腳（右手投擲者）在前，右腳在後，兩腳的距離稍微比肩寬，腳尖向前，右手握球伸向身體右肩的後上方，右臂右肩伸展，左臂自然舉在體前，重心在右腿上，即後腿上；右腿蹬地、頂髖、軀幹向前、左腿制動、振胸、揮臂將球向前上方投出去。或者向前對準一個目標投擲，但要注意安全（圖1-28）。

（2）原地側向投壘球

站姿基本同原地正面投壘球動作，不同的是髖、肩側向投擲方向，左腳輕微提起，右腳轉蹬向前，左腳積

圖1-28　原地正面投壘球

圖 1-29　原地側向投壘球

極制動，背成反弓形，肩、臂隨著轉動，將球投擲出去
（圖 1-29）。

（3）三步投擲步投球

　　開始時右腳在前，把球握好、後引（同原地投擲）
或者從前向後擺動將球後引。左腳向前跨一步，緊接著
右腳做更長、稍微騰空的大跨步（大跨步的目的是將身
體的重心落在後腿上）。左腿落地時，用力抵住地面，
立即做側向投擲動作。球投出的同時，右腳跟著向前邁
出一小步（圖 1-30）。三步助跑都應全腳掌落地，而
不是腳尖落地。三步投擲步投球可以作為後面五步投擲
步投球的預備練習。

圖1-30　三步投擲步投球

1　　　　2　　3　　　　4　　　　5

圖1-31　五步投擲步投球的步法

（4）五步投擲步投球

重複三步投擲，但前面加兩個投擲步（圖1-31）。

同樣的方法，可以投擲木棒、石子、實心球、沙袋以及體積和重量適宜的器械。

# 1.5　投擲時合理的用力順序

投擲時的合理順序是：腿、臀部先主動地用力，緊接著上體用力，最後是胳膊和手用力。

## 1.6　要先助跑再投擲

　　為什麼要先跑再投呢？要擲出一塊小石頭，是站立擲得遠，還是先急跑一段距離後再投出得遠？當然是先跑後投才能投得更遠。

　　相信大家都有這樣的體會和經歷。人體經過急跑後，就會有一定的向前速度，人手裡拿著的小石頭也有了一定的速度。在這個速度基礎上，投石頭時的速度就會增加很多。石頭的速度越快，飛行的距離也就越遠。所以，在投擲項目中，都要先透過助跑對身體預先加速，提高投擲物體的速度。

　　投擲的助跑分為滑步（鉛球項目）、旋轉（鐵餅、鉛球項目）或跑（標槍項目）。

## 1.7　單憑勁大就能投得遠嗎

　　一般來說勁大的要比勁小的投得遠。但是，我們有時可以看到，在投擲比賽中，兩個力氣大小差不多的運動員，投擲的成績卻相差很大，有時甚至力氣大的運動員反而不如力氣小的運動員投得遠。為什麼？

　　因為能不能投得遠，除了看力氣的大小以外，還要看是不是用了正確的投擲方法。

如果力氣小的運動員比力氣大的運動員投得遠，肯定是他的投擲方法比力氣大的運動員更好。

　　這樣看來，要想取得良好的投擲成績，除了需要加強平時的練習、發展力量等身體素質外，學習並掌握正確的技術是十分重要的。

# 1.8　常用的輔助練習課程

　　下面的這些練習課程雖然不能直接提升投擲技術，但是，可以能夠有效地提升運動員的一些基本素質和能力，有助於投擲技術和成績的提升。平時的練習中要經常採用這些練習。

## 1.8.1　腰腹背肌的練習課程

（1）腹肌練習

　　仰臥在墊子上，兩腿自然屈曲，兩手交叉放在頭後，接著腹部收縮，上體抬起，用胸部去靠近兩膝，然後躺

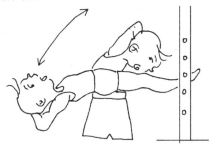

圖1-32　腹肌練習

下，再重複上述動作，直到累了為止。如果你的腹肌力量好，可躺在鞍馬或類似的地方上做（圖1-32）。

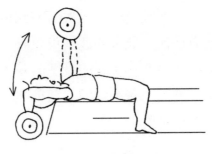

圖1-33　仰臥拉肩

（2）背肌練習

俯臥在墊子上，把雙手放在頭後，找個人幫你把腳固定好，頭上仰，後背收縮，挺上體，重複進行，直到累了為止。

## 1.8.2　仰臥拉肩

仰臥在鞍馬或類似的物體上，手握住槓鈴片或啞鈴，從頭上放下去，然後再拉起（兩肘必須貼近耳朵），重複進行（圖1-33）。

## 1.8.3　引體向上

引體向上練習反映一個人克服自身體重的能力，是檢驗運動者上肢肌肉力量的標誌。在練習中練習者可根據自己的能力大小進行鍛鍊。

練習方法一：雙手正握單槓，藉由上肢肌的收縮拉

起人體。

　　練習方法二：兩手一正一反（投擲手反握更有利於標槍）握單槓，藉由上肢肌的收縮拉起人體。

　　如果一開始練習有困難，可增加下面的練習：

**助力練習：**

　　練習者握住單槓懸垂，幫助者雙手扶在練習者的腰部。當練習者手臂收縮上拉的同時，幫助的人上舉練習者。幫助的人不要太用力，不然練習者會偷懶的。

**借力練習：**

　　練習者可預擺 1～2 次，借助擺動的力量，順勢拉起人體。

　　經過一段時間的助力練習和借力練習，就可以自己練習引體向上了。

## 1.8.4　雙手投實心球

　　雙手持球放於頭上，動作和投壘球一樣。主要用於提高投擲技術中的「滿弓」動作和先胸後臂、快速投擲的動作。「滿弓」動作是指：上體後仰，拉長軀幹、胸部和肩部肌群、前送骨盆，使整個人體形成一個拉滿了的「弓」，用「弓」的反彈力將實心球拋出。

## 1.8.5　跨欄跑

　　跨欄跑練習既可鍛鍊節奏，也可訓練速度。主要採

用 3～5 個低欄架的快速連續跨欄跑。

# 1.9 主要身體素質快速增長的年齡段

下面這些練習是投擲中非常重要的手段，這些練習的成績好壞，會大大影響你的投擲成績。應該在每個練習列出的年齡段中，加強這些練習，可以獲得事半功倍的效果（表 1-1）。

表 1-1　各項素質敏感期（歲）

| 項　　目 | 男 | 女 |
|---|---|---|
| 50 公尺跑 | 7～11, 13, 15 | 7～10 |
| 立定跳遠 | 7～9, 11, 13 | 7～10 |
| 引體向上 | 7, 13, 14, 15 | 7, 13, 14, 15 |
| 仰臥起坐 | 7, 9, 10, 12 | 7, 9, 10, 12 |
| 爆發力量 | 7, 15 | 7, 13 |
| 靈敏性 | 10～12 | 10～12 |
| 柔韌性 | 8～12 | 8～12 |
| 平衡性 | 6～8 | 6～8 |
| 反應 | 7～12 | 7～12 |
| 移動速度 | 13～17 | 13～17 |
| 協調 | 10～13 | 10～13 |

# 1.10　投擲比賽的場地和規則

## 1.10.1　投擲比賽場地

除標槍項目外，其他比賽項目都在圓圈內進行。鐵餅圈直徑為 2.5 公尺，鏈球和鉛球圈直徑為 2.135 公尺。3 個投擲項目都要把器械投擲在 40°角的扇形區內。

投擲標槍是在寬 4 公尺、長為 30～36.5 公尺的跑道內進行，要將標槍投擲在以 8 公尺為半徑、29°為夾角的扇形區內。投擲動作結束後，運動員必須從投擲弧及延長線後離開助跑道。

## 1.10.2　投擲比賽規則

當運動員的人數超過 8 人，每人可投 3 次，然後取成績最好的前 8 名再投 3 次。

如果比賽的人數只有 8 人或少於 8 人，每人都可以投 6 次。

## 1.11　比賽和訓練前應注意的問題

### 1.11.1　食物補充

我們應在練習或比賽前多長時間補充食物和水分呢？吃多少最好呢？人與人是不同的，但一般要符合以下要求：

（1）要吃的適量，主要吃容易消化的食物；

（2）在比賽或訓練前 2 小時左右吃；

（3）少吃肉和煎蛋，因為它們的消化比較慢；

（4）避免食用在腸、胃產生氣體的食物；

（5）如果比賽人數很多，比賽所需的時間較長，可以備 1～2 塊純巧克力；

（6）在比賽時可以喝少量的水。

### 1.11.2　其他比賽物品的準備

提前準備好比賽時所需的物品，如服裝、鞋子、毛巾等，避免因準備不充分而引起忙亂，影響水準的發揮。每次比賽前你都能準備好這些嗎？好的習慣是一點一滴養成的。

# 1.12 如何投擲才安全

在投擲訓練和比賽中，稍不注意，就會砸到自己或砸到別人，很危險。因此，要格外注意投擲時的安全。

## 1.12.1 保證安全的基本要求

（1）訓練或比賽前要及時檢查所用器械是否完好；

（2）投擲前要注意觀察投擲區是否有人；

（3）多人訓練時，必須待其他人都投擲結束後，再集體回收器械，禁止一邊投、一邊到場地撿器械。

## 1.12.2 投擲時的注意事項

（1）要養成經常維修器械的良好習慣，並注意安全保管，每次練習前要檢查所有自製器械的安全性；

（2）投出器械後，把器械撿回來，而不要向回投；

（3）投擲訓練時，始終要有教練在場；

（4）等待投擲時，站在遠離投擲線的後面；

（5）如果投擲場地潮濕，特別注意器械落地後的滑動。

# 1.13 自我測試

自我測試分為素質類和技巧類。用下面的方法可以測出你的投擲水準是在哪一個等級。

## 1.13.1 素質類測試

素質類測試中有 60 公尺跑（站立式起跑）、400 公尺跑（8、9、10 歲）、800 公尺跑（11、12 歲）、立定跳遠、15 公尺單足跳、小壘球擲遠。

8～10 歲的運動員使用投擲素質評分表（1）來計算得分。

11～12 歲的運動員使用投擲素質評分表（2）來計算得分。

測試時需測試素質評分表中的 5 項指標，其中在短跑距離 30 公尺、60 公尺中任意選一項，400 公尺和 800 公尺中任意各選一項，立定跳遠、15 公尺單足跳、擲壘球三項必須都測。素質測驗總共 80 分。

## 表 1-2-1 投擲素質評分表（1）

| 指　標 | 8 歲 | 得分 | 9 歲 | 得分 | 10 歲 | 得分 |
|---|---|---|---|---|---|---|
| 30 公尺跑<br>（秒） | > 6.2<br>6.2～5.8<br>< 5.8 | 6<br>8<br>10 | > 6.0<br>6.0～5.6<br>< 5.6 | 6<br>8<br>10 | > 5.0<br>5.4～5.0<br>< 5.0 | 6<br>8<br>10 |
| 60 公尺跑<br>（秒） | > 11.4<br>11.4～11.0<br>< 11.0 | 6<br>8<br>10 | > 11.2<br>11.2～10.8<br>< 10.8 | 6<br>8<br>10 | > 11.0<br>11.0～10.6<br>< 10.6 | 6<br>8<br>10 |
| 400 公尺跑 | > 2：00.0<br>2：00.0～<br>1：50.0<br>< 1：50.0 | 6<br>8<br>10 | > 1：50.0<br>1：50.0～<br>1：40.0<br>< 1：40.0 | 6<br>8<br>10 | > 1：40.0<br>1：40.0～<br>1：30.0<br>< 1：30.0 | 6<br>8<br>10 |
| 立定跳遠<br>（公尺） | < 1.20<br>1.20～<br>1.40<br>> 1.40 | 8<br>14<br>20 | < 1.30<br>1.30～<br>1.50<br>> 1.50 | 8<br>14<br>20 | < 1.40<br>1.40～<br>1.60<br>> 1.60 | 8<br>14<br>20 |
| 15 公尺<br>單足跳<br>（公尺） | > 6.00<br>6.00～<br>5.60<br>< 5.60 | 8<br>14<br>20 | > 5.60<br>5.60～<br>5.20<br>< 5.20 | 8<br>14<br>20 | > 5.20<br>5.20～<br>4.80<br>< 4.80 | 8<br>14<br>20 |
| 小　球<br>擲　遠<br>（公尺） | < 16<br>16～20<br>> 20 | 8<br>14<br>20 | < 20<br>20～24<br>> 24 | 8<br>14<br>20 | < 24<br>24～30<br>> 30 | 8<br>14<br>20 |

如果你喜歡投擲——給 8～12 歲的小朋友（初級階段）

表 1-2-2　投擲素質評分表（2）

| 指　標 | 11 歲 | 得分 | 12 歲 | 得分 |
|---|---|---|---|---|
| 30 公尺跑<br>（秒） | >5.2 | 6 | >5.0 | 6 |
| | 5.2～4.8 | 8 | 5.0～4.6 | 8 |
| | <4.8 | 10 | <4.6 | 10 |
| 60 公尺跑<br>（秒） | >10.4 | 6 | >9.6 | 6 |
| | 10.4～9.8 | 8 | 9.6～9.0 | 8 |
| | <9.8 | 10 | <9.0 | 10 |
| 400 公尺跑 | >1：30.0 | 6 | >1：20.0 | 6 |
| | 1：30.0～1：20.0 | 8 | 1：20.0～1：10.0 | 8 |
| | <1：20.0 | 10 | <1：10.0 | 10 |
| 800 公尺跑 | >3：20.0 | 6 | >3：00.0 | 6 |
| | 3：20.0～3：05.0 | 8 | 3：00.0～2：45.0 | 8 |
| | <3：05.0 | 10 | <2：45.0 | 10 |
| 立定跳遠<br>（公尺） | <1.60 | 8 | <1.80 | 8 |
| | 1.60～1.80 | 14 | 1.80～2.00 | 14 |
| | >1.80 | 20 | >2.00 | 20 |
| 15 公尺<br>單足跳<br>（公尺） | >4.60 | 8 | >4.20 | 8 |
| | 4.60～4.20 | 14 | 4.20～3.80 | 14 |
| | <4.20 | 20 | <3.80 | 20 |
| 小壘球<br>擲　遠<br>（公尺） | <30 | 8 | <36 | 8 |
| | 30～36 | 14 | 36～42 | 14 |
| | >36 | 20 | >42 | 20 |

怎樣投得遠

## 1.13.2 技巧類測試

在技巧類測驗中，只有能夠順利地完成某項動作才可以得分。8～12 歲的運動員都使用同一個技巧評分表。

技巧類測驗總共 20 分。

表 1-3 投擲技巧評分表

| 指　標 | 得　分 | 指　標 | 得　分 |
|---|---|---|---|
| 前滾翻 | 0.5 | 肩肘倒立 | 1 |
| 後滾翻 | 0.5 | 頭手倒立 | 1 |
| 側手翻 | 0.5 | 貼牆手倒立 | 1 |
| 魚躍前滾翻 | 0.5 | 手倒立 3 秒 | 1 |
| 跪起跳 | 0.5 | 「鯉魚打挺」站立 | 1 |
| 立臥撐 5 次 | 0.5 | 頭手翻 | 2 |
| 元寶收腹 10 次 | 0.5 | 前手翻 | 2 |
| 燕式平衡 3 秒 | 0.5 | 縱劈腿（臀部觸地） | 2 |
| 原地跳起左右轉體 3603 各一次 | 0.5 | 獨立下「橋」 | 2 |

在評定你的水準等級時，把素質類和技巧類每一項的得分加起來，得到一個總分。總分在 86 分以上的為優秀，總分在 76 分為良好，總分在 60 分為及格。

在評定你的水準等級時，把素質類和技巧類每一項的得分加起來，得到一個總分。總分在 86 分以上的為優秀，總分在 76 分為良好，總分在 60 分為及格。

你得了多少分？

如果你喜歡投擲——給 8～12 歲的小朋友（初級階段）

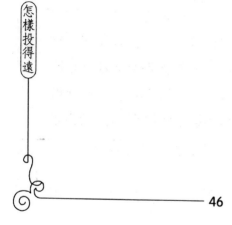

怎樣投得遠

# 如果你想投得遠

## ——給 13～14 歲的小朋友

## （中級階段）

　　推鉛球這項運動的歷史很長，也是奧運會最先列入的體育比賽項目之一。如果能夠系統地進行這項運動的訓練，就可以提高和發展人體的全面素質和身體各個器官的功能。目前這個項目已經開始被列入我國大、中、小學校的教學大綱，也是中考和高考測試身體素質的項目之一。

　　因此，我們從小就應學習和掌握它，為將來考入高等院校和發展良好的身體素質打下基礎。

　　經過初級階段的學習和鍛鍊，我想你一定初步學會和掌握了一些簡易的投擲方法和課程。現在我要更詳細地把一些方法、課程和一些基本的運動訓練知識介紹給你。因為 13～14 歲這個年齡段是身體各部分正迅速發展的階段，也是學習和掌握動作最快的階段，同時也是今後通向更高運動技術發展水準非常重要的階段。

## 2.1 身體素質的生理特徵

身體素質通常是指人體肌肉活動的基本能力，是人體各器官系統的機能在肌肉工作中的綜合反映。

每值秋去冬來，一般學校會組織象徵性的長跑活動。有的同學跑不了多遠就氣喘吁吁，而有的同學跑完下來，仍精力充沛。同一班的同學打掃衛生時，有的同學能一下子搬三把或四把凳子，而有的同學搬一把就感到費勁。從身體素質角度分析，它反映了同學們不同身體素質水準的差異。

那麼，身體素質有哪些生理特徵呢？總的來說，身體素質的生理特徵表現於肌肉本身的結構和機能特點，以及肌肉工作時的能量供應和神經調節過程的特點。

### （1）力量素質

力量素質是指肌肉緊張或收縮時所表現出來的一種能力。運動員在投擲時，出手的瞬間手掌受力可達 300 公斤以上。這不僅與肌肉纖維的粗細有關，而且與能否動員相關的肌肉和肌纖維協調配合工作有關。

### （2）速度素質

速度素質是指人體進行快速運動的能力。肌肉纖維

怎樣投得遠

可以分為快速纖維和慢速纖維兩種類型。快速纖維適於快速用力，快速纖維占優勢，速度素質就較好。

此外，各種中樞之間的協調性，與速度素質的關係也極其密切。

### （3）耐力素質

耐力素質是指人體長時間活動的能力。發展耐力素質，一是增強肌肉的力量、提高肌肉持久工作的能力，二是改善神經系統的調節和提高心肺的功能。

### （4）靈敏素質

靈敏素質是指人體表現出來的快速隨機應變的能力。如足球運動員帶球晃過對方射門，籃球運動員比賽中的切入、急停、空中投籃等。這既與神經的靈敏性反應有關，又與力量、速度、協調性等素質有關。

### （5）柔韌素質

柔韌素質是指大幅度完成動作的能力。它取決於有關肌肉、韌帶的彈性和關節活動範圍的大小。動作的活動範圍也取決於神經支配、工作肌肉的緊張與放鬆的協調能力。

推鉛球這項運動是力量和速度結合的項目。如果你素質全面，並能較好掌握基本動作，就能把鉛球投得

遠。為了更好地了解你自己身體素質的好與差，下面介紹幾種簡易測定素質的方法。

### 2.1.1　測定素質的方法

（1）腰腹肌力：可以採用一分鐘仰臥起坐。
（2）跑的速度：可以採用 50 公尺跑。
（3）靜力懸垂耐力：可以採用屈臂懸垂。
（4）爆發速度：可以採用鉛球屈體前後拋球。
（5）耐久力：可以採用 50 公尺往返跑 10 次。
（6）柔韌性：可以採用站位體前屈。
（7）靈敏性：可以採用反覆橫跨等。

## 2.2　推鉛球三種姿勢的介紹

### 2.2.1　側向滑步推鉛球

持球後，身體左側對投擲方向，重心壓在右腿上，借助左腿向投擲方向擺動和右腿蹬伸的力量，做出側向滑步。身體經過短暫騰空，形成重心壓在右腿上、身體向左側扭緊的預備姿勢。緊接著利用下肢轉動蹬伸、推動右髖前送，使軀幹和胸部向投擲方向轉動，配合投擲臂的用力，迅速推出鉛球（圖 2-1）。

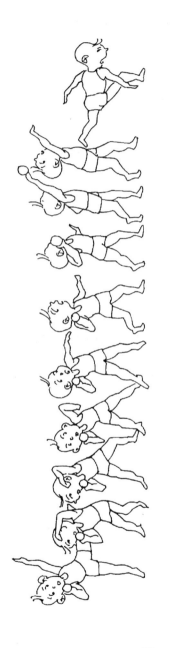

圖 2-1　側向滑步推鉛球

## 2.2.2 背向滑步推鉛球

持球後，身體背對投擲方向，在投擲圈後部站立，重心壓在右腿上，左腳掌在身體後部支撐。然後，借助滑步過程中左腿向投擲方向擺動和右腿蹬伸的力量，做出背向滑步。身體經過短暫騰空，形成重心壓在右腿上、身體向左側扭緊的預備姿勢。緊接著利用下肢轉動蹬伸、推動右髖前送，使軀幹和胸部向投擲方向轉動，配合投擲臂的用力，迅速推出鉛球（圖 2-2）。

## 2.2.3 旋轉式推鉛球

持球後，身體背對投擲方向，兩腳約與肩寬左右開立。向右扭轉身體，重心壓在右腿上，完成預擺。借助開始旋轉過程中，身體由左側向投擲方向轉動和右腿蹬伸的力量，把身體重心移到左腿旋轉軸上，做背向旋轉。左腿邊轉動邊蹬伸，同時右腿向投擲方向弧形擺動。身體經過短暫騰空，右腳在投擲圈圓心附近落地，左腳後擺在投擲圈前部稍偏坐位置落地，形成重心壓在右腿上、身體向左側扭緊的預備姿勢。緊接著利用下肢轉動蹬伸、推動右髖前送，使軀幹和胸部向投擲方向轉動，配合投擲臂的用力，迅速推出鉛球（圖 2-3）。

在初學投擲時，還可以利用踮步式和交叉步式的推鉛球方法。

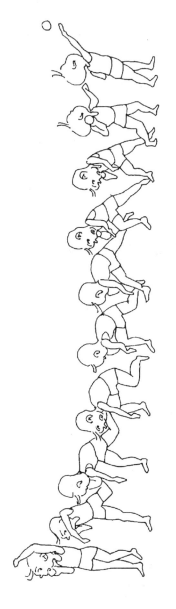

圖 2-2　背向滑步推鉛球

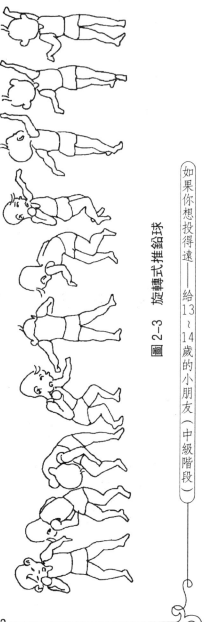

圖 2-3　旋轉式推鉛球

53

下面的表 2-1 是中國少年級鉛球運動員等級標準與世界鉛球紀錄的比較。

表 2-1　中國少年級鉛球運動員等級標準與世界鉛球紀錄的比較

| 紀錄與標準 | 男子推鉛球 | 女子推鉛球 |
|---|---|---|
| 世界紀錄 | 23.12 公尺（7.26 公斤） | 22.63 公尺（4 公斤） |
| 中國少年級標準 | 9.00 公尺（6 公斤） | 8.50 公尺（4 公斤） |

# 2.3　學習推鉛球技術動作的步驟

## 2.3.1　第一步：學習原地側向推鉛球技術（圖 2-4）

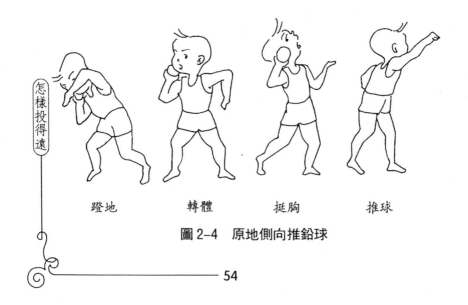

怎樣投得遠

蹬地　　　　轉體　　　　挺胸　　　　推球

圖 2-4　原地側向推鉛球

## 2.3.2　第二步：學習滑步推鉛球輔助練習

（1）練習一：預擺模仿——左腿側擺、上體右傾（圖2-5）。

（2）練習二：模仿擺動——身體平衡、左腿回擺（圖2-6）。

圖2-5　預擺模仿

圖2-6　模仿擺動

圖 2-7　連續收腿

圖 2-8　持球滑步

（3）練習三：連續收腿——左腿擺出、右腿蹬伸（圖 2-7）。

（4）練習四：持球滑步——小腿拉收、重心平穩（圖 2-8）。

圖 2-9　一次預擺

圖 2-10　兩次預擺

## 2.3.3　第三步：學習滑步的分解動作

（1）一次預擺（圖 2-9）。

（2）兩次預擺（圖 2-10）。

圖 2-11　左腿擺出、右腿蹬地

圖 2-12　右腿收小腿

　　（3）左腿擺出、右腿蹬地（圖 2-11），右腿收小腿（圖 2-12）。

　　（4）左右腳幾乎同時落地（圖 2-13），重心落右腿（圖 2-14）。

　　在模仿滑步分解練習時，先反覆多次練習預擺，再

圖2-13 左右腳幾乎同時落地

圖2-14 重心落右腿

反覆多次練習蹬收腿，最後按（1）（2）（3）（4）節拍進行，即（1）第一次預擺、（2）兩次預擺、（3）右腿蹬收、（4）左右腳落地（可以不持球，徒手練習）。

## 2.3.4 第四步：學習完整的側向滑步推鉛球

（圖 2-15）

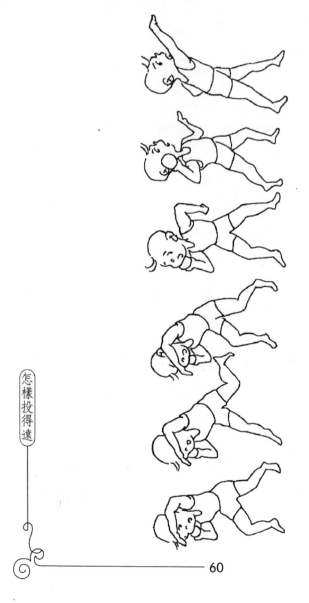

圖 2-15　側向滑步推鉛球

怎樣投得遠

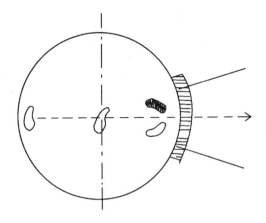

圖 2-16　滑步推球的兩腳落地位置

（1）滑步的目的

　　是為了使鉛球獲得預先的速度，並為最後用力推球創造良好條件。

（2）滑步的動作

　　左腿向投擲方向預擺一次，當左腿回擺的同時，右腿彎曲，降低重心。接著左腿從右腿旁以大腿帶動小腿，向投擲方向擺出。同時右腿用力蹬地，使身體重心沿投擲方向向前迅速運動。

　　右腿蹬直後迅速收小腿，沿地面向左滑至圓圈中心附近，同時左腿積極下壓落地。滑步推球的兩腳落地位置，如圖 2-16 所示。

## 2．4　推鉛球的比賽規則及要求

### 2.4.1　推鉛球的動作規定和要求

推鉛球技術掌握後，要進行規範的比賽和訓練。因此，需要提出一些規則要求，在規則要求許可的前提下，要進行大膽的比賽和訓練。

（1）推鉛球時應該將鉛球抵住並靠近下頜，用單手由肩上推出。不得將鉛球移至肩下或肩後拋球。

（2）投擲時進入投擲圈後，身體其他任何部位不得觸及圈外地面，也不得蹬在抵趾板和鐵圈上沿。

（3）把鉛球投出之後，待身體平穩後，從圈的後半部走出方為有效。

（4）器械投出後，必須完全落在投擲區內。投擲圈角度線寬為 5 公分，投擲圈角度為 40°，每次投擲後應立即丈量。

### 2.4.2　鉛球的規格

鉛球規格為：承認紀錄的男子鉛球重量為 7.26 公斤，直徑 11～13 公分；女子鉛球重量為 4 公斤，直徑 9.5～11 公分。成年女子和少年女子甲組用球重量為 4 公斤。少年男子甲組用球重量為 6 公斤，直徑 10.5～

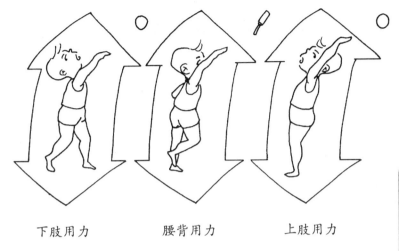

下肢用力　　　　　腰背用力　　　　　上肢用力

圖 2-17　發展全身協調用力能力

12.5 公分。少年男子乙組用球重量為 5 公斤，直徑 10～
12 公分。少年女子乙組用球重量為 3 公斤，直徑 9～
10.5 公分。

## 2.5　學習和掌握推鉛球的輔助練習課程

　　如果想取得較理想的推鉛球成績，必須要有輔助練
習課程做保證。這是因為推鉛球需要全身協調用力的能
力，而這需要透過進行大量的輔助練習來發展，如圖
2-17 所示。

圖 2-18　舉啞鈴

圖 2-19　舉杠鈴

## 2.5.1　發展推鉛球專門力量的練習方法

（1）舉啞鈴（圖2-18）。

（2）舉槓鈴（圖2-19）。

圖 2-20　提壺鈴

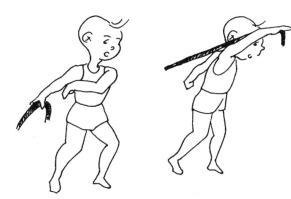

圖 2-21　拉皮筋

（3）提壺鈴（圖 2-20）。

（4）拉皮筋（圖 2-21）。

（5）拋沙袋（圖 2-22）。

（6）拋實心球（圖 2-23）。

圖 2-22　拋沙袋

圖 2-23　拋實心球

## 2.5.2　發展推鉛球投擲能力的練習方法

（1）單手推實心球（圖 2-24）。

（2）拋接實心球（圖 2-25）。

圖 2-24　單手推實心球

高拋球轉體
360°再接球

向前高拋球後
追上去接住球

高拋後快拍手
再接住球

圖 2-25　拋接實心球

圖2-26　擲、推、拋實心球

（3）擲、推、拋實心球（圖2-26）。

（4）雙手後拋實心球（圖2-27）。

圖 2-27　雙手後拋實心球

圖 2-28　準備開始

（5）趣味投擲遊戲

透過上述一系列的輔助練習，你在技術上會有一個新的提升。下面我們做幾組有趣的投擲遊戲練習，幫你調整體力。

①準備開始，裁判員各就位（圖2-28）。

持 1 公斤實心球，
在投擲圈內進行

距離 8 公尺

圖 2-29　投球擲遠

圖 2-30　投球擲準

怎樣投得遠

②投球擲遠（圖 2-29）。

③投球擲準（圖 2-30）。

④投沙袋（圖 2-31）。

⑤模仿擲鏈球（圖 2-32）。

70

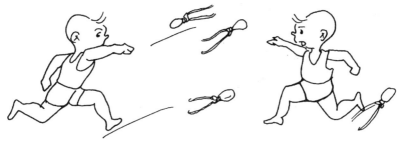

圖 2-31　投沙袋

圖 2-32　模仿擲鏈球

## 2．6　掌握推鉛球技術的訣竅

　　在推球過程中，可能出現技術上的實際問題，下面告訴你一些推鉛球的訣竅，讓你快一點掌握正確的技術。

## 2.6.1 第一個訣竅

【問題】：有勁使不上。

【原因】：用力順序不對，投擲臂用力過早。

【要點】：加長用力距離。

【重點】：全身用力。

【要求】：用蹬地、伸髖、轉體的力量將球推出。

【訣竅】：明確用力順序，多做徒手模仿練習。做好用力姿勢，讓同伴用左手抵住右手，在對抗的情況下做慢速的最後用力動作，體會正確的用力順序。

## 2.6.2 第二個訣竅

【問題】：鉛球推不遠。

【原因】：含胸低頭，出手角度低。

【要點】：兩腿充分蹬直。

【重點】：挺胸抬頭。

【要求】：以胸帶臂，快速將球從前上方推出，出手角度為 42°～44°。

【訣竅】：在頸部高度的位置上拉一橡皮筋，然後身體側對橡皮筋。最後用力時，兩腿充分蹬直，抬頭向前上方看，重心提起，胸部去觸橡皮筋。

## 2.7 推鉛球的賽前訓練與比賽

### 2.7.1 技術訓練

賽前訓練主要改進基本技術。

### 2.7.2 力量訓練

力量訓練在賽前應達到最高水準，主要練習項目，一般採用以下幾種方法。

（1）挺舉

面對槓鈴，在槓鈴前蹲下，腰背部伸直，雙手約與肩同寬握住槓鈴杆。下肢發力蹬伸，同時送髖、雙臂上拉槓鈴。緊接著重心稍下降，並迅速上翻手腕和肘部將槓鈴杆固定在胸前，雙腿蹬伸站穩。然後雙腿微屈後迅速前後分開，形成弓箭步，同時雙臂迅速將槓鈴舉過頭頂。最後收回雙腳成直立舉槓鈴姿勢。把槓鈴輕輕放下，重複練習。

（2）臥推

仰臥在有槓鈴支架的長凳上，雙臂在胸前撐起槓鈴杆，重複做雙臂屈伸練習。完成後把槓鈴輕輕放在支架

上。

（3）高翻

面對槓鈴，在槓鈴前蹲下，腰背部伸直，雙手約與肩同寬握住槓鈴杆。下肢發力蹬伸，同時送髖、雙臂上拉槓鈴。緊接著重心稍下降，並迅速上翻手腕和肘部將槓鈴杆固定在胸前，雙腿蹬伸站穩，把槓鈴輕輕放下，重複練習。

（4）深蹲

在約與肩同高的兩個槓鈴支架前面，背對槓鈴，兩腳約與肩同寬左右開立。雙手固定握住槓鈴杆，將槓鈴用雙肩扛起，並前邁一步離開支架站穩。重複做負槓鈴雙腿蹲起練習。完成後把槓鈴輕輕放在支架上。

## 2.7.3 制定準備活動計劃

制定計劃要與實際情況相結合，比賽準備活動一般由兩部分組成。

**第一部分**：在檢錄前 30 分鐘內活動全身，但量度不宜太大，逐漸過渡到專項活動。

**第二部分**：在慢跑、伸展練習等活動組成的一般性活動結束後，到檢錄處等候點名。一般在 25～30 分鐘，這段時間特別要注意穿好衣服保暖。進入賽場後，

要進行快節奏活動，包括試投在內。這時要特別控制好自己的情緒，既不要緊張，又不過於興奮，把最好的狀態保持在比賽中。

### 2.7.4 參加比賽

參加比賽對每個人來講都是一次技術上、能力上和心理上的考驗。因此，在比賽中主要是提高動作的準確性和持久作戰的能力。要力爭在比賽的第一、第二次試投中出現優異成績，這有利於消除緊張、穩定情緒和賽出最佳成績。

## 2.8 在投擲項目鍛鍊時應注意的問題

### 2.8.1 要正確選擇鍛鍊的項目

每個人的年齡不同、性別不同、愛好不同、身體素質也不同，這就決定了所選擇的鍛鍊項目也不一樣。即使選定了一個項目，進行了一段時間的鍛鍊，也可能變換項目。

從這裡我們就能夠明白一個道理，就是一定要遵循自願的原則，必須是自覺自願地選擇適合於自己的項目，作為自己經常進行鍛鍊的內容。只有這樣，才會有積極性，才會對身體有益處。

## 2.8.2 不同季節參加鍛鍊要注意的問題

春季鍛鍊，雖然氣候溫暖，但也容易傷風感冒，在鍛鍊時應該注意衣服的增減。在春季人的精神容易振奮，而各部分器官仍有惰性。如果練得過猛、過激、過大，就容易出現運動損傷。在夏季鍛鍊要注意防暑降溫，最好選擇清晨或下午氣溫不太高的時段，並注意及時補充水分。在秋季鍛鍊時則要注意適當延長準備活動時間，適當增加衣服。而在冬季鍛鍊時要注意盡量多做一些室內的輔助練習，防止由於寒冷和準備活動不充分而引發的傷害事故。

## 2.8.3 重視準備活動和整理活動

一部機器或汽車在開動之前，總要有一段「預熱」過程。一則機器部件不易損壞，二則能提高效能。人體也好像一部複雜的機器，各個部件在正常運轉之前都存在著一定的惰性。在參加投擲項目鍛鍊前，也同樣有一個「預熱」過程，這就是鍛鍊前的準備活動。

同樣道理，一輛快駛的汽車要停下來，在剎車以後要滑行一大段路程才能停穩。這是由於慣性的作用。同樣，一個人在激烈的體育運動之後，身體各部位也存在一種運動慣性。譬如，心跳仍然較快，血壓仍然沒有恢復到常態，肌肉和神經系統仍然處在比較興奮的狀態。

在這種情況下就需要進行一些整理活動，使身體舒緩、平靜下來，正常地、穩步地進入常態。

要特別注意的是，在激烈運動之後，千萬不能立即坐下，也不能大量喝水、沖冷水浴，不能立即吃飯。要等待身體恢復正常後，再喝水、吃飯。

### 2.8.4 運動創傷的預防

對待運動創傷，應貫徹「預防為主」的方針，採用的有效措施包括：

（1）注意安全，克服麻痺思想；

（2）學校和班級要做好鍛鍊的組織工作；

（3）檢查運動場地和器材，穿著合適的運動服裝；

（4）在激烈運動前做好準備活動；

（5）根據自己情況選擇訓練內容，適當控制運動量；

（6）掌握動作要領，加強保護和幫助。

## 2.9 有計劃地進行鍛鍊

### 2.9.1 日鍛鍊方案

（1）日鍛鍊方案之一（表2-2）

（2）日鍛鍊方案之二（表2-3）

表 2-2　日鍛鍊方案之一

| 鍛鍊方案 | 要求 |
|---|---|
| 1. 準備活動 20 分鐘 | 柔韌練習 |
| 2. 體前屈前拋球 10～15 次 | 蹬伸充分、展體 |
| 3. 體前屈後拋球 10～15 次 | 蹬伸充分、展體 |
| 4. 原地正面推鉛球 10～15 次 | 體會用力順序 |
| 5. 原地側向推鉛球或實心球 10～15 次 | 改進技術 |
| 6. 整理活動 3 分鐘 | 放鬆練習 |

表 2-3　日鍛鍊方案之二

| 鍛鍊方案 | 要求 |
|---|---|
| 1. 準備活動 20 分鐘 | 柔韌練習 |
| 2. 推舉槓鈴 10～15 公斤，10 次×3 | 跳推舉、推舉均可 |
| 3. 推小球或大球 15 次×3 | 正面推球，3～5 公斤 |
| 4. 俯臥撐 15～20 次×3 | 快速完成 |
| 5. 側向滑步推鉛球 20～25 次 | 改進技術 |
| 6. 整理活動 3 分鐘 | 放鬆練習 |

## 2.9.2 周鍛鍊方案（表 2-4）

表 2-4　周鍛鍊方案

| 星期二 | 星期四 | 星期六 |
|---|---|---|
| 1 準備活動 20 分鐘 | 1. 準備活動 20 分鐘 | 1. 準備活動 20 分鐘 |
| 2. 推舉槓鈴：<br>　10～15 公斤<br>　10～15 次×3 | 2. 推舉槓鈴：<br>　15～20 公斤<br>　10～15 次×3 | 2. 推舉槓鈴：<br>　15～20 公斤<br>　10～15 次×3 |
| 3. 推實心球：<br>　10～15 次 | 3. 屈體前拋實心球：<br>　10～15 次 | 3. 拉力挺舉：<br>　15～20 次 |
| 4. 俯臥撐：<br>　20 次×3 | 4. 屈體後拋實心球：<br>　10～15 次 | 4. 雙手頭上拋實心球：<br>　15～20 次 |
| 5. 原地正面推鉛球：<br>　10 次 | 5. 原地正面推鉛球：<br>　15～20 次 | 5. 推吊球：<br>　50～60 次 |
| 6. 原地側向推鉛球：<br>　10 次 | 6. 整理活動 3 分鐘 | 6. 側向推球：<br>　15～20 次 |
| 7. 滑步推鉛球：<br>　10 次 | | 7. 滑步推球：<br>　20～25 次 |
| 8.整理活動 5 分鐘 | | 8. 整理活動 5 分鐘 |

## 2.10　訓練水準的評估方法

　　要想知道你現在的投擲運動素質水準，那就立即查一查下面的表（表 2-5、表 2-6、表 2-7、表 2-8）！

如果你想投得遠——給 13～14 歲的小朋友（中級階段）

## 表 2-5　13 歲男生訓練標準評分表（1）

| 項目／得分 | 100 | 95 | 90 | 85 | 80 | 75 | 70 |
|---|---|---|---|---|---|---|---|
| 50 公尺跑（秒） | 7.4 | 7.5 | 7.6 | 7.7 | 7.8 | 7.9 | 8.0 |
| 100 公尺跑（秒） | 14.5 | 14.8 | 15.1 | 15.4 | 15.7 | 16.0 | 16.3 |
| 10 秒鐘 25 公尺往返跑（公尺） | 53 | | 52 | | 51 | | 50 |
| 10 公尺×4 往返跑（秒） | 10.0 | 10.2 | 10.4 | 10.6 | 10.8 | 11.1 | 11.4 |
| 1000 公尺跑 | 3:45.0 | 3:50.0 | 3:55.0 | 4:00.0 | 4:05.0 | 4:10.0 | 4:15.0 |
| 1500 公尺跑 | 5:27.0 | 5:34.0 | 5:41.0 | 5:48.0 | 5:55.0 | 6:02.0 | 6:09.0 |
| 3 分鐘 25 公尺往返跑（公尺） | 740 | 730 | 720 | 710 | 700 | 690 | 680 |
| 跳高（公尺） | 1.24 | 1.22 | 1.20 | 1.18 | 1.16 | 1.14 | 1.12 |
| 跳遠（公尺） | 4.24 | 4.16 | 4.08 | 4.00 | 3.92 | 3.84 | 3.76 |
| 立定跳遠（公尺） | 2.24 | 2.20 | 2.16 | 2.12 | 2.08 | 2.04 | 2.00 |
| 推鉛球（公尺） | 9.30 | 9.00 | 8.70 | 8.40 | 8.10 | 7.80 | 7.50 |
| 擲實心球（公尺） | 8.50 | 8.20 | 7.90 | 7.60 | 7.30 | 7.00 | 6.70 |
| 引體向上（次） | 10 | | 9 | | 8 | | 7 |
| 雙槓臂屈伸（次） | 11 | | 10 | | 9 | | 8 |
| 屈臂懸垂（秒） | 72 | 63 | 64 | 60 | 56 | 52 | 48 |

表 2-5　13 歲男生訓練標準評分表（2）

| 項目／得分 | 65 | 60 | 55 | 50 | 45 | 40 | 35 | 30 |
|---|---|---|---|---|---|---|---|---|
| 50 公尺跑（秒） | 8.1 | 8.2 | 8.3 | 8.4 | 8.6 | 8.8 | 9.0 | 9.2 |
| 100 公尺跑（秒） | 16.6 | 16.9 | 17.2 | 17.5 | 17.8 | 18.1 | 18.4 | 18.7 |
| 10 秒鐘 25 公尺往返跑（公尺） |  | 49 |  | 48 | 47 | 46 | 45 | 44 |
| 10 公尺×4 往返跑（秒） | 11.7 | 12.0 | 12.3 | 12.6 | 12.9 | 13.2 | 13.5 | 13.8 |
| 1000 公尺跑 | 4:20.0 | 4:25.0 | 4:30.0 | 4:35.0 | 4:40.0 | 4:45.0 | 4:50.0 | 4:55.0 |
| 1500 公尺跑 | 6:16.0 | 6:23.0 | 6:30.0 | 6:37.0 | 6:44.0 | 6:51.0 | 6:58.0 | 7:05.0 |
| 3 分鐘 25 公尺往返跑（公尺） | 670 | 660 | 650 | 640 | 630 | 620 | 引體向 | 600 |
| 跳高（公尺） | 1.10 | 1.08 | 1.06 | 1.04 | 1.02 | 1.00 | 0.98 | 0.96 |
| 跳遠（公尺） | 3.68 | 3.60 | 3.52 | 3.44 | 3.36 | 3.28 | 3.20 | 3.12 |
| 立定跳遠（公尺） | 1.96 | 1.92 | 1.88 | 1.84 | 1.80 | 1.76 | 1.72 | 1.68 |
| 推鉛球（公尺） | 7.20 | 6.90 | 6.60 | 6.30 | 6.00 | 5.70 | 5.40 | 5.10 |
| 擲實心球（公尺） | 6.40 | 6.10 | 5.80 | 5.50 | 5.20 | 4.90 | 4.60 | 4.30 |
| 引體向上（次） |  | 6 |  | 5 | 4 | 3 | 2 | 1 |
| 雙槓臂屈伸（次） |  | 7 |  | 6 | 5 | 4 | 3 | 2 |
| 屈臂懸垂（秒） | 44 | 40 | 36 | 32 | 28 | 24 | 20 | 16 |

如果你想投得遠——給 13～14 歲的小朋友（中級階段）

## 表2-6 13歲女生訓練標準評分表（1）

| 項目／得分 | 100 | 95 | 90 | 85 | 80 | 75 | 70 |
|---|---|---|---|---|---|---|---|
| 50公尺跑（秒） | 7.8 | 7.9 | 8.0 | 8.1 | 8.2 | 8.3 | 8.4 |
| 100公尺跑（秒） | 15.9 | 16.2 | 16.5 | 16.8 | 17.1 | 17.4 | 17.7 |
| 10秒鐘25公尺往返跑（公尺） | 52 | | 51 | | 50 | | 49 |
| 10公尺×4往返跑（秒） | 10.8 | 11.0 | 11.2 | 11.4 | 11.6 | 11.9 | 12.2 |
| 800公尺跑 | 3:15.0 | 3:20.0 | 3:25.0 | 3:30.0 | 3:35.0 | 3:40.0 | 3:45.0 |
| 3分鐘25公尺往返跑（公尺） | 670 | 660 | 650 | 640 | 630 | 620 | 610 |
| 跳高（公尺） | 1.11 | 1.09 | 1.07 | 1.05 | 1.03 | 1.01 | 0.99 |
| 跳遠（公尺） | 3.70 | 3.62 | 3.54 | 3.46 | 3.38 | 3.30 | 3.22 |
| 立定跳遠（公尺） | 1.96 | 1.92 | 1.88 | 1.84 | 1.80 | 1.76 | 1.72 |
| 推鉛球（公尺） | 6.50 | 6.30 | 6.10 | 5.90 | 5.70 | 5.50 | 5.30 |
| 擲實心球（公尺） | 6.40 | 6.20 | 6.00 | 5.80 | 5.60 | 5.40 | 5.20 |
| 屈臂懸垂（秒） | 45 | 42 | 39 | 36 | 33 | 30 | 27 |
| 斜身引體（次） | 47 | 45 | 43 | 41 | 39 | 37 | 35 |
| 1分鐘仰臥起坐（次） | 44 | 42 | 40 | 38 | 36 | 34 | 32 |

怎樣投得遠

表 2-6　13 歲女生訓練標準評分表（2）

| 項目／得分 | 65 | 60 | 55 | 50 | 45 | 40 | 35 | 30 |
|---|---|---|---|---|---|---|---|---|
| 50 公尺跑（秒） | 8.5 | 8.6 | 8.7 | 8.8 | 9.0 | 9.2 | 9.4 | 9.6 |
| 100 公尺跑（秒） | 18.0 | 18.3 | 18.6 | 18.9 | 19.2 | 19.5 | 19.8 | 20.1 |
| 10 秒鐘 25 公尺往返跑（公尺） | | 48 | | 47 | 46 | 45 | 44 | 43 |
| 10 公尺×4 往返跑（秒） | 12.5 | 12.8 | 13.1 | 13.4 | 13.7 | 14.0 | 14.3 | 14.6 |
| 800 公尺跑 | 3:50.0 | 3:55.0 | 4:00.0 | 4:05.0 | 4:10.0 | 4:15.0 | 4:20.0 | 4:25.0 |
| 3 分鐘 25 公尺往返跑（公尺） | 600 | 590 | 580 | 570 | 560 | 550 | 540 | 530 |
| 跳高（公尺） | 0.97 | 0.95 | 0.93 | 0.91 | 0.89 | 0.87 | 0.85 | 0.83 |
| 跳遠（公尺） | 3.14 | 3.06 | 2.98 | 2.90 | 2.82 | 2.74 | 2.66 | 2.58 |
| 立定跳遠（公尺） | 1.68 | 1.64 | 1.60 | 1.56 | 1.52 | 1.48 | 1.44 | 1.40 |
| 推鉛球（公尺） | 5.10 | 4.90 | 4.70 | 4.50 | 4.30 | 4.10 | 3.90 | 3.60 |
| 擲實心球（公尺） | 5.00 | 4.80 | 4.60 | 4.40 | 4.20 | 4.00 | 3.80 | 3.60 |
| 屈臂懸垂（秒） | 24 | 21 | 18 | 15 | 12 | 9 | 6 | 3 |
| 斜身引體（次） | 33 | 31 | 29 | 27 | 25 | 23 | 21 | 19 |
| 1 分鐘仰臥起坐（次） | 30 | 28 | 26 | 24 | 22 | 20 | 18 | 16 |

如果你想投得遠——給 13～14 歲的小朋友（中級階段）

## 表2-7 14歲男生訓練標準評分表（1）

| 項目／得分 | 100 | 95 | 90 | 85 | 80 | 75 | 70 |
|---|---|---|---|---|---|---|---|
| 50公尺跑（秒） | 7.1 | 7.2 | 7.3 | 7.4 | 7.5 | 7.6 | 7.7 |
| 100公尺跑（秒） | 13.8 | 14.1 | 14.4 | 14.7 | 15.0 | 15.3 | 15.6 |
| 10秒鐘25公尺往返跑（公尺） | 53 | | 52 | | 51 | | 50 |
| 10公尺×4往返跑（秒） | 9.8 | 10.0 | 10.2 | 10.4 | 10.6 | 10.9 | 11.2 |
| 1000公尺跑 | 3:35.0 | 3:40.0 | 3:45.0 | 3:50.0 | 3:55.0 | 4:00.0 | 4:05.0 |
| 1500公尺跑 | 5:25.0 | 5:32.0 | 5:39.0 | 5:46.0 | 5:53.0 | 6:00.0 | 6:07.0 |
| 3分鐘25公尺往返跑（公尺） | 740 | 730 | 720 | 710 | 700 | 690 | 680 |
| 跳高（公尺） | 1.28 | 1.26 | 1.24 | 1.22 | 1.20 | 1.18 | 1.16 |
| 跳遠（公尺） | 4.48 | 4.40 | 4.32 | 4.24 | 4.16 | 4.08 | 4.00 |
| 立定跳遠（公尺） | 2.35 | 2.31 | 2.27 | 2.23 | 2.19 | 2.15 | 2.11 |
| 推鉛球（公尺） | 9.90 | 9.60 | 9.30 | 9.00 | 8.70 | 8.40 | 8.10 |
| 擲實心球（公尺） | 9.70 | 9.40 | 9.10 | 8.80 | 8.50 | 8.20 | 7.90 |
| 引體向上（次） | 11 | | 10 | | 9 | | 8 |
| 雙槓臂屈伸（次） | 12 | | 11 | | 10 | | 9 |
| 屈臂懸垂（秒） | 80 | 76 | 72 | 68 | 64 | 60 | 56 |

表 2-7　14 歲男生訓練標準評分表（2）

| 項目／得分 | 65 | 60 | 55 | 50 | 45 | 40 | 35 | 30 |
|---|---|---|---|---|---|---|---|---|
| 50 公尺跑（秒） | 7.8 | 7.9 | 8.0 | 8.1 | 8.3 | 8.5 | 8.7 | 8.9 |
| 100 公尺跑（秒） | 15.9 | 16.2 | 16.5 | 16.8 | 17.1 | 17.4 | 17.7 | 18.0 |
| 10 秒鐘 25 公尺往返跑（公尺） | 49 | | 48 | 47 | 46 | 45 | 44 | |
| 10 公尺×4 往返跑（秒） | 11.5 | 11.8 | 12.1 | 12.4 | 12.7 | 13.0 | 13.3 | 13.6 |
| 1000 公尺跑 | 4:10.0 | 4:15.0 | 4:20.0 | 4:25.0 | 4:30.0 | 4:35.0 | 4:40.0 | 4:45.0 |
| 1500 公尺跑 | 6:14.0 | 6:21.0 | 6:28.0 | 6:35.0 | 6:42.0 | 6:49.0 | 6:56.0 | 7:03.0 |
| 3 分鐘 25 公尺往返跑（公尺） | 670 | 660 | 650 | 640 | 630 | 620 | 610 | 600 |
| 跳高（公尺） | 1.14 | 1.12 | 1.10 | 1.08 | 1.06 | 1.04 | 1.02 | 1.00 |
| 跳遠（公尺） | 3.92 | 3.84 | 3.76 | 3.68 | 3.60 | 3.52 | 3.44 | 3.36 |
| 立定跳遠（公尺） | 2.07 | 2.03 | 1.99 | 1.95 | 1.91 | 1.87 | 1.83 | 1.79 |
| 推鉛球（公尺） | 7.80 | 7.50 | 7.20 | 6.90 | 6.60 | 6.30 | 6.00 | 5.70 |
| 擲實心球（公尺） | 7.60 | 7.30 | 7.00 | 6.70 | 6.40 | 6.10 | 5.80 | 5.50 |
| 引體向上（次） | | 7 | | 6 | 5 | 4 | 3 | 2 |
| 雙槓臂屈伸（次） | | 8 | | 7 | 6 | 5 | 4 | 3 |
| 屈臂懸垂（秒） | 52 | 48 | 44 | 40 | 36 | 32 | 28 | 24 |

如果你想投得遠──給 13～14 歲的小朋友（中級階段）

## 表 2-8　14 歲女生訓練標準評分表（1）

| 項目／得分 | 100 | 95 | 90 | 85 | 80 | 75 | 70 |
|---|---|---|---|---|---|---|---|
| 50 公尺跑（秒） | 7.8 | 7.9 | 8.0 | 8.1 | 8.2 | 8.3 | 8.4 |
| 100 公尺跑（秒） | 15.6 | 15.9 | 16.2 | 16.5 | 16.8 | 17.1 | 17.4 |
| 10 秒鐘 25 公尺往返跑（公尺） | 52 | | 51 | | 50 | | 49 |
| 10 公尺×4 往返跑 | 10.8 | 11.0 | 11.2 | 11.4 | 11.6 | 11.9 | 12.2 |
| 800 公尺跑 | 3:10.0 | 3:15.0 | 3:20.0 | 3:25.0 | 3:30.0 | 3:35.0 | 3:40.0 |
| 3 分鐘 25 公尺往返跑（公尺） | 670 | 660 | 650 | 640 | 630 | 620 | 610 |
| 跳高（公尺） | 1.16 | 1.14 | 1.12 | 1.10 | 1.08 | 1.06 | 1.04 |
| 跳遠（公尺） | 3.78 | 3.70 | 3.62 | 3.54 | 3.46 | 3.38 | 3.30 |
| 立定跳遠（公尺） | 1.97 | 1.93 | 1.89 | 1.85 | 1.81 | 1.77 | 1.73 |
| 推鉛球（公尺） | 6.80 | 6.60 | 6.40 | 6.20 | 6.00 | 5.80 | 5.60 |
| 擲實心球（公尺） | 6.60 | 6.40 | 6.20 | 6.00 | 5.80 | 5.60 | 5.40 |
| 屈臂懸垂（秒） | 45 | 42 | 39 | 36 | 33 | 30 | 27 |
| 斜身引體（次） | 48 | 46 | 44 | 42 | 40 | 38 | 36 |
| 1 分鐘仰臥起坐（次） | 44 | 42 | 40 | 38 | 36 | 34 | 32 |

怎樣投得遠

## 表 2-8　14 歲女生訓練標準評分表（2）

| 項目／得分 | 65 | 60 | 55 | 50 | 45 | 40 | 35 | 30 |
|---|---|---|---|---|---|---|---|---|
| 50 公尺跑（秒） | 8.5 | 8.6 | 8.7 | 8.8 | 9.0 | 9.2 | 9.4 | 9.6 |
| 100 公尺跑（秒） | 17.7 | 18.0 | 18.3 | 18.6 | 18.9 | 19.2 | 19.5 | 19.8 |
| 10 秒鐘 25 公尺往返跑（公尺） | | 48 | | 47 | 46 | 45 | 44 | 43 |
| 10 公尺×4 往返跑 | 12.5 | 12.8 | 13.1 | 13.4 | 13.7 | 14.0 | 14.3 | 14.6 |
| 800 公尺跑 | 3:45.0 | 3:50.0 | 3:55.0 | 4:00.0 | 4:05.0 | 4:10.0 | 4:15.0 | 4:20.0 |
| 3 分鐘 25 公尺往返跑（公尺） | 600 | 590 | 580 | 570 | 560 | 550 | 540 | 530 |
| 跳高（公尺） | 1.02 | 1.00 | 0.98 | 0.96 | 0.94 | 0.92 | 0.90 | 0.88 |
| 跳遠（公尺） | 3.22 | 3.14 | 3.06 | 2.98 | 2.90 | 2.82 | 2.74 | 2.66 |
| 立定跳遠（公尺） | 1.69 | 1.65 | 1.61 | 1.57 | 1.53 | 1.49 | 1.45 | 1.41 |
| 推鉛球（公尺） | 5.40 | 5.20 | 5.00 | 4.80 | 4.60 | 4.40 | 4.20 | 4.00 |
| 擲實心球（公尺） | 5.20 | 5.00 | 4.80 | 4.60 | 4.40 | 4.20 | 4.00 | 3.80 |
| 屈臂懸垂（秒） | 24 | 21 | 18 | 15 | 12 | 9 | 6 | 3 |
| 斜身引體（次） | 34 | 32 | 30 | 28 | 26 | 24 | 22 | 20 |
| 1 分鐘仰臥起坐（次） | 30 | 28 | 26 | 24 | 22 | 20 | 18 | 16 |

如果你想投得遠——給 13～14 歲的小朋友（中級階段）

# 如果你想投得遠

## ——給 15～17 歲的青少年朋友

## （高級階段）

## 3.1　怎樣才能成為出色的投擲運動員

通過初級和中級階段的訓練，你對投擲運動已經有了濃厚的興趣，夢想自己能夠成為一名優秀的投擲運動員，擁有像古希臘塑像「擲鐵餅者」一樣健美的身軀和優美的姿勢。

要實現自己的夢想，不僅要靠你的天賦，更重要的是通過科學、系統的投擲訓練，全面發展你的專項身體素質，改進專項投擲技術，提高你的投擲運動成績。這樣，才能成為一名出色的投擲運動員。

### 3.1.1　投擲運動員需要發展哪些身體素質

投擲訓練實質上就是如何將你的投擲遠度提高的過

程。也就是說，根據投擲項目要求力量大、速度快的特點，來選擇一些練習項目發展你的力量、速度、快速力量、協調、靈敏和柔韌等身體素質，改進你的投擲技術，從而使你投得更遠。

藉由幾年的全面訓練，能夠為你打下較為雄厚的機能、素質、技能的基礎，使你具有承擔大負荷訓練的能力。而承受較大負荷的訓練，正是實現你投擲成績飛躍的必經之路。

### 3.1.2 投擲運動員身體素質訓練的內容與方法

投擲運動員身體素質練習的目的，是針對投擲專項的要求，發展你各個系統和器官的機能，主要包括投擲的力量、速度、速度力量、耐力、協調性、柔韌性等練習。

（1）力量素質訓練

在投擲的過程中，身體的肌肉要快速有力地收縮，以克服器械的阻力，並使投擲物體飛行得更遠。因此，要想成為一名優秀的投擲運動員，就必須具有強壯的肌肉力量。

透過發展你的最大力量，可以使你克服器械阻力的能力得以提高，透過發展你的快速力量，可以使你的動作速度得以提高。如果你想在比賽中連創佳績，你就要

發展你的力量耐力。

合理的投擲力量訓練會使你變得強壯，而不合理的投擲力量訓練則會產生不良的後果。所以，在投擲力量訓練中，必須處理好肌肉負荷、動作速度、重複次數和休息間隔之間的和諧關係。那麼，如何發展力量素質呢？

力量素質可以分為最大力量、速度力量和力量耐力。最大力量是指肌肉克服最大阻力的能力，它是投擲運動員必須具備的素質。發展最大力量最常用的方式是負重抗阻練習，要求負荷為最大重量的 75%～95%，每組練習的次數為 2～6 次，組數為 4～8 組。具體內容如下：

①大重量的槓鈴抓舉練習×2～8次×4～8組
②大重量的槓鈴挺舉練習×2～8次×4～8組
③大重量的槓鈴高翻練習×2～8次×4～8組
④大重量的槓鈴臥推練習×2～8次×4～8組
⑤大重量的槓鈴半蹲練習×2～8次×4～8組
⑥大重量的槓鈴深蹲練習×2～8次×4～8組

速度力量是指在最短時間內發揮肌肉收縮力量的能力。發展速度力量是在發展力量的同時，快速完成動作的節奏和頻率。通常採用負重和不負重兩種方法。在負重練習時，一般以運動員體重 50%～60% 的重量為佳。具體內容如下：

①立定跳遠、立定三級跳遠、立定十級跳遠，4～8次

②20～60公尺的快速單足跳 4～6次

③快速蛙跳 5～10次×4～8組

④跳欄架 5～10個×4～8組

⑤40～60公斤槓鈴抓舉練習 4～8次×4～8組

⑥40～60公斤槓鈴臥推練習 4～8次×4～8組

⑦60～80公斤槓鈴快蹲練習 4～8次×4～8組

## （2）速度素質訓練

發展速度的專門練習應以最快的速度完成，因此，要求運動員要在精力充沛的情況下進行訓練，在疲勞狀態下進行速度練習的效果不好。

### ①跑的練習

可採用 25～30公尺加速跑、蹲踞式起跑、跨低欄練習等。

### ②跳躍練習

可採用多級跳、單腿跳、跳深等練習。既可作為發展力量的方式，又可作為發展速度的方式。為了發展速度而採用這些方式時，則應保持一定的強度。

### ③投擲輕器械的練習

採用輕器械時，要注意輕器械的重量不能太輕。投擲輕器械的速度，要控制在投擲標準器械能夠接近的速

怎樣投得遠

度。例如，在推鉛球練習時，運動員採用 5 公斤的比賽器械能夠推 12 公尺，採用 4 公斤鉛球能夠推 13.50 公尺，而推 3 公斤鉛球可以達到 15 公尺，而此時採用 4 公斤的鉛球發展速度素質的效果，要比推 3 公斤鉛球的效果好。

### （3）耐力素質訓練

耐力對投擲運動員同樣重要，它不僅有助於運動員保持在比賽中的體力，更有利於在訓練中使機體能夠承受較大的負荷。

發展耐力的方式很多，長時間的持續跑是發展一般耐力的常用方式，要求心率在 130～150 次／分鐘。在運動員多年訓練的專項提高階段或高級階段，專項耐力顯得更為重要。例如，在疲勞積累的情況下，仍要求表現出一定水準的成績，並達到一定的次數。這就要求運動員具有一定的專項耐力，同時要求運動員具有較強的意志品質。

### （4）柔韌性訓練

每次訓練課均應有 10 分鐘左右的時間來發展身體肌肉、韌帶和關節的柔韌性。練習的方式通常有體前後屈、左右屈體、踢腿、劈叉、雙肩繞環等。也可以利用各種器材，如肋木、實心球和體操棒等發展柔韌性。

圖 3-1　俯臥撐練習

　　與此同時，還應該加強專項柔韌性的練習，如標槍運動員的肩部柔韌性練習等。

## 3.1.3　利用自身重量及實心球進行的練習

### （1）利用自身重量進行的練習

　　利用運動員個人身體重量的練習是非常有效的。做這些練習不需要任何器械，而且可以在任何地方進行。利用體重的練習為訓練的多樣化和循序漸進提供了機會。例如，可以採用俯臥撐這一個簡單練習的多種變化形式進行訓練（圖 3-1）。

①**指尖俯臥撐**

用兩手指尖做前撐。

②**觸胸俯臥撐**

在兩次俯臥撐之間用手觸自己的胸部。

③**拍手俯臥撐**

在兩次俯臥撐之間雙手拍手。

④ **抬高雙腳俯臥撐**

採用前支撐、將雙腳置於板凳或跳箱上。

⑤ **單腿抬高俯臥撐**

每次下降身體時，兩腿交替伸直抬起。

⑥ **單臂俯臥撐**

單臂前支撐，另一隻手放在身體背後。

⑦ **倒立俯臥撐**

靠牆倒立，下降時將前額觸及地面。

下面是利用身體重量進行的一些輔助練習的範例。其實，結合自己的實踐，你自己也可以創造這樣一些練習。

① 三頭肌後撐起（圖 3-2）。

② 仰臥起坐（圖 3-3）。

③ 抬腿（圖 3-4）。

④ 後伸展（圖 3-5）。

圖 3-2　三頭肌後撐起

圖 3-3　仰臥起坐

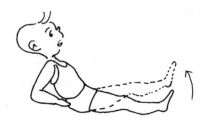

圖 3-4　抬腿

圖 3-5　後伸展

（2）利用實心球進行的練習

　　利用實心球進行練習，也是投擲訓練非常簡便、有效的方法（圖3-6）。

圖 3-6　青少年鉛球運動員利用實心球的練習

## 3．2　告訴你進一步提升推鉛球成績的方法

### 3.2.1　怎樣進行鉛球運動員的技術訓練

（1）鉛球運動員技術訓練中應注意的問題

①在學習技術過程中，首先要掌握推鉛球的基本

技術，進而掌握正確的推鉛球完整技術。因此，要多觀看優秀運動員的技術圖片、電影、錄影帶以及教練員的正確示範動作，從小建立正確的鉛球技術概念。

②投擲鉛球需要比較大的力量，也需要比較快的動作速度。在整個訓練的過程中都要合理分配力量和速度訓練的比例，以建立合理的「速度節奏」為指導思想，以輕器械為主進行練習。

③鉛球投擲動作是運動員的肌肉收縮產生力，並將這個力傳遞到鉛球上的過程。因此，要建立良好的肌肉用力感覺，所採用的輔助練習應儘可能與專項技術的動作相類似。

④注意技術與身體素質相結合，訓練過程中安排好兩者之間的比例。

### （2）技術訓練採用的主要方式

①雙手持輕鉛球或實心球，做各種拋球練習。

②原地正面、側向、背向推鉛球或實心球。

③持橡皮帶原地側向和背向的推鉛球模仿練習。

④徒手或持輕球圈外連續滑步練習。

⑤圈內外的背向滑步推鉛球完整技術練習。

⑥圈內持不同重量的鉛球進行完整技術練習。

### 3.2.2 怎樣提升鉛球運動員的力量素質

　　青少年鉛球運動員可以採用以下主要方式來發展力量素質（圖3-7）。

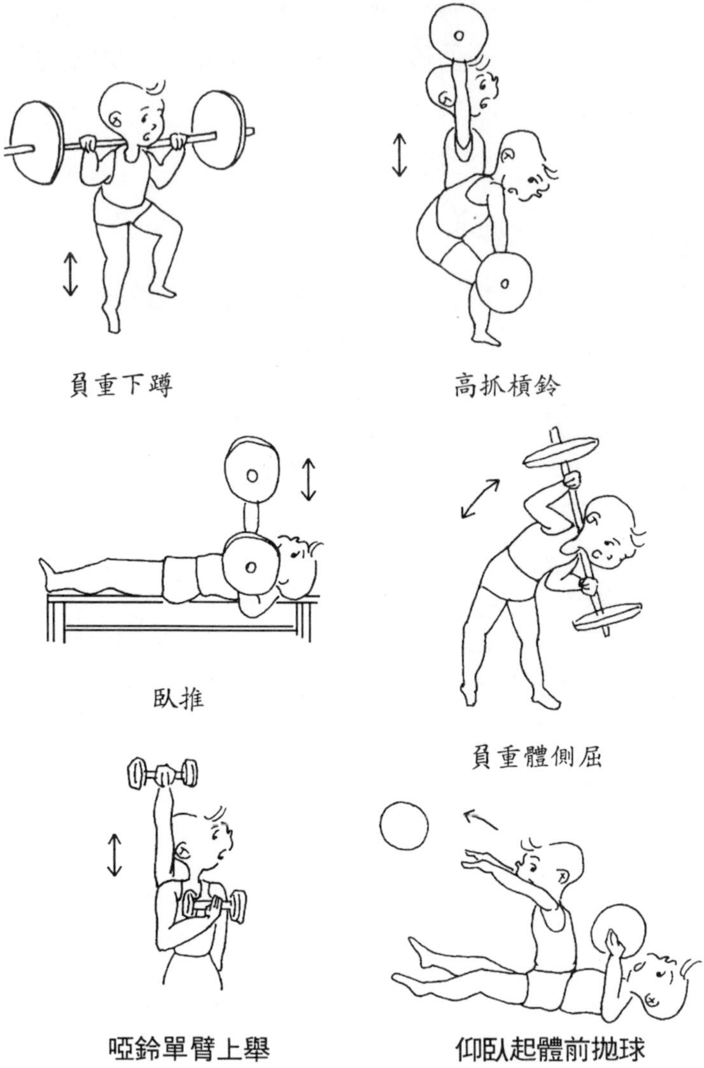

負重下蹲　　　　　　　　高抓槓鈴

臥推　　　　　　　　　　負重體側屈

啞鈴單臂上舉　　　　　　仰臥起體前拋球

圖 3-7　青少年鉛球運動員發展力量素質的主要方式

### 3.2.3　怎樣安排鉛球運動員的訓練階段

青少年鉛球運動員的年度或階段訓練，一般可以分為一般準備期、專門準備期和比賽期，各階段所採用的訓練內容及比重如下：

（1）一般準備期

①一般素質

一般力量、靈活性練習、循環練習和各種投擲練習（20%）。

②技術訓練

學習技術或用重器械進行 20～30 次投擲（30%）。

③力量訓練

6～8 個練習，較輕重量做 5～6 組，每組 10～12 次（20%）。

④速度訓練

20～50 公尺跑，跨低欄，多級跳（10%）。

⑤金字塔式力量訓練

4～5 個專門練習，逐漸增加重量和減少重複次數，從 4～1 次（20%）。

此訓練階段力量和身體素質①、②、⑤的提升較為重要。

（2）專門準備期

①**技術訓練**

75％強度的 25～30 次投擲，間隔地採用不同重量的器械（20％）。

②**力量訓練**

採用專門性練習，多重複、低重量（20％）。

③**技術訓練**

3～5 組投擲練習，每組 10～15 次，注意動作幅度和效果（20％）。

④**力量訓練**

90％強度的 2～3 個練習，練習 3 組，每組 1～3 次，組間留有充分的恢復時間（20％）。

⑤**速度訓練**

起跑，加速跑，多級跳，跨低欄（20％）。

此訓練階段技術的完善和力量的保持①、②、③較為重要。

（3）比賽期

①**積極性休息**

放鬆的跑、跳等（10％）。

②**技術訓練**

按比賽要求最大強度投 12～15 次（30％）。

### ③ 力量訓練

75％強度的 2～3 組快速力量練習，每組 2～3 次（20％）。

### ④ 技術訓練

完整技術，以次最大強度投 20～25 次（30％）。

### ⑤ 比賽

每星期一次，與休息和其他項目練習相結合（10％）。

此訓練階段神經 — 肌肉潛力的積蓄①、②、③較為重要。

## 3.2.4 怎樣評價你的推鉛球訓練水準

經過一段時期推鉛球的訓練，你一定想知道自己達到了什麼樣的水準吧？根據下面的推鉛球訓練水準的綜合素質評價表（表 3-1、表 3-2），你就可以知道自己現在的水準。

表 3-1　青少年男子鉛球運動員訓練水準的綜合素質評價表
（6 公斤鉛球）

| 等級 | 推鉛球（公尺） | 立定三級跳遠（公尺） | 後拋鉛球（公尺） | 臥推（公斤） | 原地推（公尺） | 100 公尺（秒） |
|---|---|---|---|---|---|---|
| 及格 | 10.5～12.5 | 7.2～7.8 | 12～13.5 | 50～65 | 9.5～11.5 | 13.2～12.8 |
| 中等 | 12.5～13.5 | 7.8～8.2 | 13.5～14.5 | 65～75 | 11.5～12.5 | 12.8～12.4 |
| 良好 | 13.5～14.5 | 8.2～8.5 | 14.5～15.5 | 75～85 | 12.5～13.5 | 12.4～12.2 |
| 優秀 | 14.5～15.5 | 8.5～8.9 | 15.5～16.5 | 85～95 | 13.5～14.5 | 12.2～12.0 |

表 3-2　青少年女子鉛球運動員訓練水準的綜合素質評價表（4公斤鉛球）

| 等級 | 推鉛球（公尺） | 立定三級跳遠（公尺） | 後拋鉛球（公尺） | 臥推（公斤） | 原地推（公尺） | 100公尺（秒） |
|---|---|---|---|---|---|---|
| 及格 | 10.5～12.5 | 6.8～7.1 | 10.5～12 | 30～45 | 10～11.5 | 14.0～13.6 |
| 中等 | 12.5～13.5 | 7.1～7.3 | 12～13 | 45～55 | 11.5～12.5 | 13.6～13.2 |
| 良好 | 13.5～14.5 | 7.3～7.5 | 13～14 | 55～65 | 12.5～13.5 | 13.2～12.8 |
| 優秀 | 14.5～15.5 | 7.5～7.7 | 14～15 | 65～75 | 13.5～14.5 | 12.8～12.6 |

## 3.2.5　推鉛球技術的評定內容及標準

對於你的推鉛球技術，同樣也有相應的評定內容和標準（表3-3）。

表 3-3　推鉛球技術評定的內容及標準

| 技術環節 | 各環節技評要求 |
|---|---|
| 握球與持球 | 握球正確，持球時將球貼在鎖骨窩處，肘略低於肩，投擲臂自然放鬆。 |
| 預備姿勢 | 背對投擲方向，兩腳前後開立，右腳尖抵住投擲圈後緣，體重在右腿上。兩眼平視前方，整個身體自然放鬆。左腳以腳尖著地，位於右腳後方。 |
| 滑　步 | 預擺動作協調。團身時重心較低，軀幹與地面平行。首先重心後移，左右腿蹬擺協調，右、左腿落地間隔短，落地位置正確。體重在右腿上方，右腳以前腳掌著地，形成一定程度的超越器械。左腿擺動方向應指向抵趾板。 |

怎樣投得遠

| 技術環節 | 各環節技評要求 |
|---|---|
| 最後用力 | 用力順序正確，髖部積極向投擲方向運動。左腿支撐效果好。推球前以左臂展開胸部。推球與身體左側制動配合，全身充分伸展。出手角度適宜，推球方向正確。 |
| 平　衡 | 球出手後降低重心維持平衡，身體穩定後再出場地。 |
| 完整節奏 | 整個動作過程連貫、加速，滑步後不停頓，前慢後快。 |

# 3.3 告訴你進一步提升擲標槍成績的方法

## 3.3.1 怎樣進行標槍運動員的技術訓練

擲標槍的技術訓練，必須依據標槍器械較輕，技術又較為複雜的特點。為此，掌握正確的擲標槍技術是訓練的重要內容（圖 3-8）。

運動員要重點發展髖、腰、胸、肩部的柔韌性和高度協調能力，提升爆發用力能力並使之完善地與擲標槍技術相結合。這樣才能將最後用力的速度力量正確地作用於標槍縱軸上，從而獲得最大的飛行距離。為了達到這些要求，需要運動員多年地進行科學的系統訓練。技

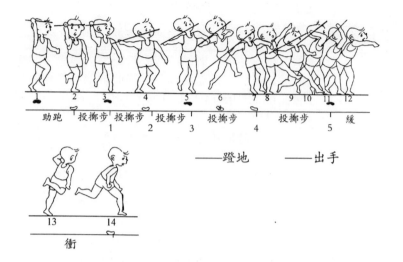

助跑　投擲步　投擲步　投擲步　投擲步　　　投擲步　緩
　　　　　　　1　　　2　　　3　　　4　　　5

――蹬地　　――出手

衝

圖 3-8　擲標槍技術

術訓練中，可以採用以下方式：

（1）原地、上步和短助跑插槍練習。

（2）原地擲槍、通過各種滿弓練習後，再次過渡到投擲標槍。

（3）上步接滿弓、上步擲標槍、上三步接滿弓、上三步擲標槍練習。

（4）持槍助跑與持槍交叉步跑。

（5）引槍結合交叉步與滿弓的銜接練習。

（6）短程、全程助跑投槍練習。

（7）投擲不同重量標槍的練習。

（8）利用實心球進行的各種投擲練習。

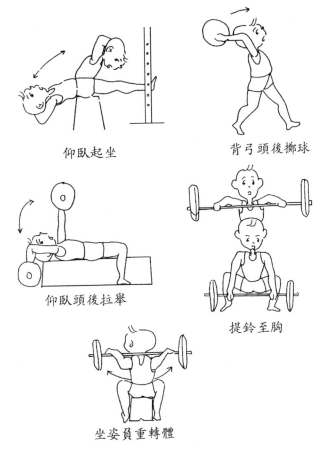

仰臥起坐　　　　　　　背弓頭後擲球

仰臥頭後拉舉　　　　　提鈴至胸

坐姿負重轉體

圖 3-9　青少年標槍運動員發展力量素質的主要方式

## 3.3.2　怎樣提升標槍運動員的力量素質

　　青少年標槍運動員可以採用以下主要方式來發展力量素質（圖 3-9）。

### 3.3.3　怎樣安排標槍運動員的訓練階段

　　青少年標槍運動員的年度或階段訓練，一般可以分為一般準備期、專門準備期和比賽期，各階段所採用的訓練內容及比重如下：

　　（1）一般準備期

　　① 一般身體練習
　　綜合練習、循環練習和各種投擲練習（20%）。
　　② 技術訓練
　　學習技術、提升技能，用不同重量器械進行原地投20～30次（30%）。
　　③ 力量訓練
　　6～8個練習，低於最大強度，做5～6組，每組5～6次（20%）。
　　④ 速度訓練
　　40～60公尺跑，跨低欄，各種跳躍練習（10%）。
　　⑤ 專項力量訓練
　　專項爆發力練習和靈活性練習（20%）。
　　此訓練階段力量和身體素質①、②、⑤的提升較為重要。

（2）專門準備期

**①一般技術訓練**

用半程跑或最後4步助跑進行25～30次投擲，注意改進技術和糾正錯誤（30%）。

**②專項力量訓練**

採用較輕器械的爆發力練習和靈活性練習，多重複（20%）。

**③技術訓練**

15～20次100%強度擲標槍（30%）。

**④一般力量訓練**

75%強度的5～6個力量練習，5～6次快速重複，等動和使用滑輪的練習等（10%）。

**⑤速度訓練**

起跑，加速跑，多級跳，跨低欄練習（10%）。

此訓練階段技術的完善和力量的保持①、③、⑤較為重要。

（3）比賽期

**①積極性休息**

進行柔韌性練習和各種放鬆的跑、跳等（10%）。

**②比賽技術訓練**

10～15次有充分間隔的最大強度投槍（30%）。

③ **速度訓練**

反應速度練習,速度練習（20%）。

④ **改進技術訓練**

持槍模仿練習,放鬆投槍 20～25 次（30%）。

⑤ **比賽**

每星期 1 次,與休息和其他項目練習相結合（10%）。

此訓練階段神經肌肉潛力的積蓄①、②、③、⑤較為重要。

### 3.3.4 怎樣評價你的擲標槍訓練水準

經過一段時期擲標槍的訓練,你一定也想知道自己達到了怎樣的水準吧?那就再來看看下面的擲標槍訓練水準的綜合素質評價表吧（表 3-4、表 3-5）。

表 3-4　青少年男子標槍運動員訓練水準的綜合素質評價表
（700 克標槍）

| 等級 | 項目水準（公尺） | 立定三級跳遠（公尺） | 投 2 公斤實心球（公尺） | 30 公尺起跑（秒） | 原地投槍（公尺） |
|---|---|---|---|---|---|
| 及格 | 48～54 | 7.2～7.8 | 12～18 | 4.5～4.3 | 40～45 |
| 中等 | 54～58 | 7.8～8.2 | 18～22 | 4.3～4.2 | 45～47 |
| 良好 | 58～62 | 8.2～8.5 | 22～26 | 4.2～4.1 | 47～49 |
| 優秀 | 62～66 | 8.5～8.9 | 26～30 | 4.1～4.0 | 49～51 |

表 3-5　青少年女子標槍運動員訓練水準的綜合素質評價表
（600 克標槍）

| 等級 | 項目水準（公尺） | 立定三級跳遠（公尺） | 投 1 公斤實心球（公尺） | 30 公尺起跑（秒） | 原地投槍（公尺） |
|---|---|---|---|---|---|
| 及格 | 30～36 | 6.8～7.1 | 15～19 | 4.7～4.5 | 30～33 |
| 中等 | 36～40 | 7.1～7.3 | 19～21 | 4.5～4.4 | 33～35 |
| 良好 | 40～44 | 7.3～7.5 | 21～23 | 4.4～4.3 | 35～37 |
| 優秀 | 44～48 | 7.5～7.7 | 23～25 | 4.3～4.2 | 37～39 |

## 3.3.5　擲標槍技術的評定內容及標準

如果你想評定你的擲標槍技術，可以採用以下相應的評定內容和標準（表 3-6）。

表 3-6　擲標槍技術評定的內容及標準

| 技術環節 | 各環節技評要求 |
|---|---|
| 握槍與持槍 | 握槍正確，持槍時置槍於肩上，標槍靠近頭部，上臂、前臂夾角約 90°，投擲臂自然放鬆。 |
| 助　跑 | 預跑段要自然、協調，逐漸加速。投擲步段要做到繼續加速跑，順利完成引槍。交叉步時，左腿積極蹬伸，右腿加速向前擺出。兩腿的動作要快速有力，以形成較大幅度的超越器械。 |
| 最後用力 | 左腳著地後形成有力的制動支撐，右腿繼續推動身體用力。當上體轉向投擲方向時形成「滿弓」，並做好「翻肩」動作。最後用力順序正確，投擲臂的鞭打動作正確。用力方向通過標槍的縱軸。手腕、手指積極用力，使標槍的縱軸順時針自轉。器械飛行方向正確而穩定。 |
| 平　衡 | 降低身體重心，及時前跨 1～2 步，維持平衡。 |

# 3.4 鐵餅項目介紹

## 3.4.1 擲鐵餅的起源與演進

擲鐵餅是一項古老的運動項目,早在公元前 708 年的第 18 屆古代奧運會中,擲鐵餅已經被列為五項全能項目之一。當時的投擲方法,是站在石頭臺座上進行投擲,比賽中不僅比誰投得遠,還比誰投得準。到了 1912 年,擲鐵餅場地演進成了目前直徑 2.50 公尺的圓形場地,更便於人體發揮運動能力。現存的古代奧運會的歷史文物中最著名的要屬「擲鐵餅者」雕像和奧林匹克聖殿中的石製鐵餅。

在 1896 年希臘舉行的第 1 屆現代奧運會上,擲鐵餅就已經被列為正式比賽項目。進入 20 世紀後,伴隨著現代奧林匹克運動的開展,在古希臘擲鐵餅技術的基礎上,技術的演進又經歷了自由式、側向轉身、跳躍旋轉、起跑式旋轉、低騰空和連續旋轉等多種技術形式,逐步發展到今天被人們普遍採用的突出連貫加速、加大旋轉半徑和大幅度用力的背向旋轉技術。

## 3.4.2 擲鐵餅的場地與器材

擲鐵餅投擲圈內沿直徑為 2.5 公尺,落地區是圓心

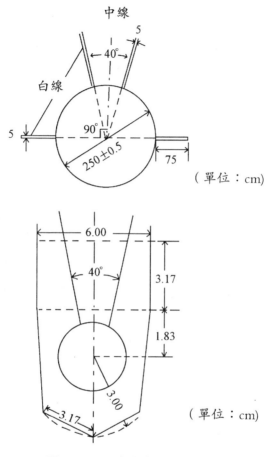

中線

5

40°

白線

5

90°

250±0.5

75

（單位：cm)

6.00

40°

3.17

1.83

3.00

3.17

（單位：cm)

圖 3-10　鐵餅投擲區俯視圖

角為 40° 的開放區域。進行比賽時，運動員必須在
「U」字形的鐵網護籠內投擲，以確保觀眾和工作人員
的安全（圖 3-10）。

　　各年齡組採用的鐵餅重量請見表 3-7。

如果你想投得遠──給15～17歲的青少年朋友（高級階段）

表 3-7　各年齡組採用的鐵餅重量

| 性別 | 男子 | | | 女子 | | |
|---|---|---|---|---|---|---|
| 組別 | 成年 | 少年甲 | 少年乙 | 成年 | 少年甲 | 少年乙 |
| 年齡 | 18 歲以上 | 16～17 歲 | 15 歲 | 18 歲以上 | 16～17 歲 | 15 歲 |
| 重量 | 2 公斤 | 1.5 公斤 | 1 公斤 | 1 公斤 | 1 公斤 | 1 公斤 |

擺動　　　　　旋轉　　　　　最後

圖 3-11　背向旋轉擲鐵餅技術

## 3.4.3　擲鐵餅的技術

要直觀了解完整的背向旋轉擲鐵餅技術過程，請見圖 3-11。

背向旋轉擲鐵餅的完整技術過程是：將鐵餅平放於五指自然分開的手掌中，以四指的最末指節扣住鐵餅邊緣，拇指和手掌平靠於鐵餅。肩部放鬆，手臂自然下垂於體側。背對投擲方向，雙腳平行開立於投擲圈後沿，而後進行預擺。回擺時，用軀幹帶動持餅臂把鐵餅擺動到身體右後方最大限度的部位。身體向右扭轉，體重移到右腿上。

　　預擺結束時，身體重心稍微降低，然後彎曲的右腿蹬地，推動身體左轉。同時，左膝外展，接著以左腳前腳掌為軸轉動。當左膝、左肩和頭部將轉向投擲方向時，右腳蹬離地面。右腿自然彎曲，以大腿帶動小腿圍繞左腿向投擲方向擺動。

　　緊接著以左腳蹬離地面使身體騰空，身體向投擲方向移動。右腳以前腳掌著地後要不停地轉動。左腳蹬離地面後向右膝靠攏，縮短半徑並快速後擺，迅速以左腳內側在投擲圈中線的左側著地，形成穩固有力的兩腳支撐。這時身體已充分扭緊，鐵餅處於身體的後方，髖軸超越肩軸，形成最後用力前的發力姿勢。

　　當左腳著地時，右腳還在繼續轉動，積極向投擲方向推動右髖，並繼續加大身體的扭緊程度形成「滿弓」姿勢。體重逐漸向左腿移動，投擲臂帶動鐵餅以最大半徑沿最大弧線向前快速運動。當鐵餅運行到髖的右側時，彎曲的右腿繼續轉動並蹬伸。左肩制動，微屈的左

腿用力支撐，並形成穩固有力的身體左側支撐。這時抬頭挺胸，身體右側繼續向前轉動，肩軸迅速超越髖軸。當胸部轉向投擲方向時，左腳用力蹬伸，全身的力量通過投擲臂和手作用到鐵餅上，鞭打鐵餅出手。鐵餅離手的一剎那，由小指到食指依次用力撥餅，使鐵餅按順時針方向自轉飛行。

在鐵餅出手後，迅速做兩腿交換的動作，或繼續向左減速旋轉。同時降低身體重心，緩衝向前的衝力，維持身體平衡，避免犯規。

### 3.4.4 青少年練習擲鐵餅應注意的問題

（1）在青少年運動員多年訓練的基礎訓練階段，要抓好基本技術的練習。在學習基本技術時，不但要學會各技術環節身體空間位置的變化，而且要掌握各環節動作速度的節奏。為此，要多採用輕器械或徒手模仿練習，把分解練習與完整練習有機地結合起來。

（2）隨著年齡的增長及訓練水準的提升，要進一步改進和完善技術。在力量素質和專項能力提升的基礎上，應相應地發展專項投擲能力。技術訓練中對動作幅度和節奏應有更高的要求，以完整技術練習為主，逐步形成適合個人特點的技術風格。

（3）青少年運動員在進行技術訓練的過程中，投擲強度應以中等為主。應注意正確技術的要求，強調投

擲動作的放鬆、協調，大強度的投擲必須適量。隨著專項訓練水準的提升和技術的不斷改進與完善，再逐步提升動作質量的要求，增加訓練負荷和提升投擲強度。

### 3.4.5　青少年怎樣評價擲鐵餅訓練水準

擲鐵餅是一種需要非常好的專項身體素質的投擲項目。一般說來，練習擲鐵餅的運動員在絕對力量、速度力量、協調、靈敏素質上都會具備比較高的水準，特別是在人體高速旋轉中的時—空感覺可以得到很大的提高，促進動作的整體協調性。因此，青少年練習擲鐵餅可以在這幾個方面得到有效的提升。

青少年運動員在進行擲鐵餅訓練的過程中，一定迫切地想知道自己達到了怎樣的水準吧？請看下面的擲鐵餅訓練水準的綜合素質評價表（表 3-8、表 3-9）。

表 3-8　青少年男子鐵餅運動員訓練水準的綜合素質評價表
（1.5 公斤鐵餅）

| 等級 | 項目水準（公尺） | 立定三級跳遠（公尺） | 後拋鉛球（公尺） | 臥推（公斤） | 原地投餅（公尺） | 100 公尺（秒） |
|---|---|---|---|---|---|---|
| 及格 | 33～39 | 7.2～7.8 | 13～14 | 50～65 | 26～32 | 13.2～12.8 |
| 中等 | 69～43 | 7.8～8.2 | 14～15 | 65～75 | 32～36 | 12.8～12.4 |
| 良好 | 43～47 | 8.2～8.5 | 15～16 | 75～85 | 36～40 | 12.4～12.2 |
| 優秀 | 47～51 | 8.5～8.9 | 16～17 | 85～95 | 40～44 | 12.2～12.0 |

表 3-9　青少年女子鐵餅運動員訓練水準的綜合素質評價表
（1 公斤鐵餅）

| 等級 | 項目水準（公尺） | 立定三級跳遠（公尺） | 後拋鉛球（公尺） | 臥推（公斤） | 原地投餅（公尺） | 100 公尺（秒） |
|------|------|------|------|------|------|------|
| 及格 | 30～36 | 6.8～7.1 | 10.5～12 | 30～45 | 24～30 | 14.0～13.6 |
| 中等 | 36～40 | 7.1～7.3 | 12～13 | 45～55 | 30～34 | 13.6～13.2 |
| 良好 | 40～44 | 7.3～7.5 | 13～14 | 55～65 | 34～38 | 13.2～12.8 |
| 優秀 | 44～48 | 7.5～7.7 | 14～15 | 65～75 | 38～42 | 12.8～12.6 |

## 3.4.6　擲鐵餅技術的評定內容及標準

擲鐵餅是投擲項目中技術性較強的項目，青少年愛好者的技術動作質量，對於投擲成績具有重要的影響。

下面我們一起來看一看擲鐵餅技術評定的內容及標準（表 3-10）。

表 3-10　擲鐵餅技術評定的內容及標準

| 技術環節 | 各環節技評要求 |
|------|------|
| 開始姿勢和預擺 | 背向站立，身體帶動投擲臂，預擺放鬆。預擺結束時，身體重心偏向右側，身體扭轉拉緊，鐵餅約與肩同高。投擲臂自然放鬆，掌心向下。 |
| 旋　轉 | 投擲臂自然放鬆留在身後，身體重心由右逐漸向左腿移動。左臂自然伸展、頭稍領先向投擲方向轉動。左腳尖轉至與投擲方向成 45°左右。右腿弧形向投擲圈中心擺動，左腿屈膝繼續向投擲方 |

| 技術環節 | 各環節技評要求 |
|---|---|
| 旋　轉 | 向蹬轉，左臂協同控制好轉動方向和維持平衡。右腿向投擲圈中心的低平擺動和左腿轉蹬相結合，積極過渡到騰空階段。騰空時間短、重心起伏小，騰空後左腿積極向右腿靠攏。 |
| 銜　接 | 右腿屈膝，以右前腳掌落在投擲圈圓心附近，右腳著地瞬間，腳尖大約指向投擲反方向，投擲臂約指向投擲方向，鐵餅比肩稍高，或與肩同高。左臂伸展內扣，軀幹、骨盆和下肢形成充分的扭緊，身體重量落在彎曲的右腿上。右腳著地後，不停頓地進行支撐轉動，與此同時左腳迅速擺向投擲圈前部稍偏左的落點落地，以形成較大幅度的超越器械和雙腿支撐最後用力的有利姿勢。 |
| 最後用力 | 隨著右腿的積極轉蹬，左臂及時向投擲方向擺動，頭積極向投擲方向轉動並微抬頭，拉長胸部肌群。在左側支撐用力的配合下，充分發揮下肢—腰—胸的全身肌肉力量，最後投擲臂在體側以鞭打式的動作擲出鐵餅。用力幅度大、速度快，出手角度為 30～36°，用力通過鐵餅幾何中心，鐵餅飛行方向正確而穩定。 |
| 維持平衡 | 鐵餅出手後，及時改變身體重心移動的方向，並降低身體重心，維持平衡。 |

如果你想投得遠——給 15～17 歲的青少年朋友（高級階段）

### 3.4.7　青少年練習擲鐵餅的意義

　　擲鐵餅是一種需要非常好的專項身體素質，又需要非常好的專項技術的投擲項目。一般說來，練習擲鐵餅的運動員在絕對力量、速度力量、協調、靈敏素質上都會具備比較高的水準，特別是在人體高速旋轉中的時—空感覺可以得到很大的提升，促進動作的整體協調性。因此，青少年練習擲鐵餅可以在這幾個方面得到有效的提升。

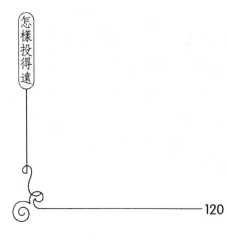

**大展出版社有限公司**
**品冠文化出版社**

**圖書目錄**

地址：台北市北投區(石牌)
　　　致遠一路二段 12 巷 1 號
郵撥：01669551＜大展＞
　　　19346241＜品冠＞

電話：(02) 28236031
　　　　28236033
　　　　28233123
傳真：(02) 28272069

## ・少 年 偵 探・ 品冠編號 66

| | | | | |
|---|---|---|---|---|
| 1. | 怪盜二十面相 | （精） | 江戶川亂步著 | 特價 189 元 |
| 2. | 少年偵探團 | （精） | 江戶川亂步著 | 特價 189 元 |
| 3. | 妖怪博士 | （精） | 江戶川亂步著 | 特價 189 元 |
| 4. | 大金塊 | （精） | 江戶川亂步著 | 特價 230 元 |
| 5. | 青銅魔人 | （精） | 江戶川亂步著 | 特價 230 元 |
| 6. | 地底魔術王 | （精） | 江戶川亂步著 | 特價 230 元 |
| 7. | 透明怪人 | （精） | 江戶川亂步著 | 特價 230 元 |
| 8. | 怪人四十面相 | （精） | 江戶川亂步著 | 特價 230 元 |
| 9. | 宇宙怪人 | （精） | 江戶川亂步著 | 特價 230 元 |
| 10. | 恐怖的鐵塔王國 | （精） | 江戶川亂步著 | 特價 230 元 |
| 11. | 灰色巨人 | （精） | 江戶川亂步著 | 特價 230 元 |
| 12. | 海底魔術師 | （精） | 江戶川亂步著 | 特價 230 元 |
| 13. | 黃金豹 | （精） | 江戶川亂步著 | 特價 230 元 |
| 14. | 魔法博士 | （精） | 江戶川亂步著 | 特價 230 元 |
| 15. | 馬戲怪人 | （精） | 江戶川亂步著 | 特價 230 元 |
| 16. | 魔人銅鑼 | （精） | 江戶川亂步著 | 特價 230 元 |
| 17. | 魔法人偶 | （精） | 江戶川亂步著 | 特價 230 元 |
| 18. | 奇面城的秘密 | （精） | 江戶川亂步著 | 特價 230 元 |
| 19. | 夜光人 | （精） | 江戶川亂步著 | 特價 230 元 |
| 20. | 塔上的魔術師 | （精） | 江戶川亂步著 | 特價 230 元 |
| 21. | 鐵人Q | （精） | 江戶川亂步著 | 特價 230 元 |
| 22. | 假面恐怖王 | （精） | 江戶川亂步著 | 特價 230 元 |
| 23. | 電人M | （精） | 江戶川亂步著 | 特價 230 元 |
| 24. | 二十面相的詛咒 | （精） | 江戶川亂步著 | 特價 230 元 |
| 25. | 飛天二十面相 | （精） | 江戶川亂步著 | 特價 230 元 |
| 26. | 黃金怪獸 | （精） | 江戶川亂步著 | 特價 230 元 |

## ・生 活 廣 場・ 品冠編號 61

| | | | |
|---|---|---|---|
| 1. | 366 天誕生星 | 李芳黛譯 | 280 元 |
| 2. | 366 天誕生花與誕生石 | 李芳黛譯 | 280 元 |
| 3. | 科學命相 | 淺野八郎著 | 220 元 |

## ・女醫師系列・品冠編號 62

## ・傳統民俗療法・品冠編號 63

## ・常見病藥膳調養叢書・品冠編號 631

1. 脂肪肝四季飲食　　　　　　蕭守貴著　200元
2. 高血壓四季飲食　　　　　　秦玖剛著　200元
3. 慢性腎炎四季飲食　　　　　魏從強著　200元
4. 高脂血症四季飲食　　　　　　薛輝著　200元
5. 慢性胃炎四季飲食　　　　　馬秉祥著　200元
6. 糖尿病四季飲食　　　　　　王耀獻著　200元
7. 癌症四季飲食　　　　　　　　李忠著　200元

## ·彩色圖解保健· 品冠編號64

1. 瘦身　　　　　　　　　　主婦之友社　300元
2. 腰痛　　　　　　　　　　主婦之友社　300元
3. 肩膀痠痛　　　　　　　　主婦之友社　300元
4. 腰、膝、腳的疼痛　　　　主婦之友社　300元
5. 壓力、精神疲勞　　　　　主婦之友社　300元
6. 眼睛疲勞、視力減退　　　主婦之友社　300元

## ·心 想 事 成· 品冠編號65

1. 魔法愛情點心　　　　　　結城莫拉著　120元
2. 可愛手工飾品　　　　　　結城莫拉著　120元
3. 可愛打扮 & 髮型　　　　　結城莫拉著　120元
4. 撲克牌算命　　　　　　　結城莫拉著　120元

## ·熱 門 新 知· 品冠編號67

1. 圖解基因與DNA　（精）　中原英臣 主編 230元
2. 圖解人體的神奇　（精）　米山公啟 主編 230元
3. 圖解腦與心的構造（精）　永田和哉 主編 230元
4. 圖解科學的神奇　（精）　鳥海光弘 主編 230元
5. 圖解數學的神奇　（精）　柳 谷 晃　著 250元
6. 圖解基因操作　　（精）　海老原充 主編 230元
7. 圖解後基因組　　（精）　才園哲人　著 230元

## ·法律專欄連載· 大展編號58

台大法學院　　法律學系／策劃
　　　　　　　法律服務社／編著

1. 別讓您的權利睡著了(1)　　　　　　200元
2. 別讓您的權利睡著了(2)　　　　　　200元

## ·武 術 特 輯· 大展編號10

1. 陳式太極拳入門　　　　　馮志強編著　180元

## ・彩色圖解太極武術・大展編號102

## ・國際武術競賽套路・大展編號103

## ・簡化太極拳・大展編號104

## ・中國當代太極拳名家名著・大展編號106

## ・名師出高徒・ 大展編號 111

| | | |
|---|---|---|
| 1. 武術基本功與基本動作 | 劉玉萍編著 | 200 元 |
| 2. 長拳入門與精進 | 吳彬等著 | 220 元 |
| 3. 劍術刀術入門與精進 | 楊柏龍等著 | 220 元 |
| 4. 棍術、槍術入門與精進 | 邱丕相編著 | 220 元 |
| 5. 南拳入門與精進 | 朱瑞琪編著 | 220 元 |
| 6. 散手入門與精進 | 張山等著 | 220 元 |
| 7. 太極拳入門與精進 | 李德印編著 | 280 元 |
| 8. 太極推手入門與精進 | 田金龍編著 | 220 元 |

## ・實用武術技擊・ 大展編號 112

| | | |
|---|---|---|
| 1. 實用自衛拳法 | 溫佐惠著 | 250 元 |
| 2. 搏擊術精選 | 陳清山等著 | 220 元 |
| 3. 秘傳防身絕技 | 程崑彬著 | 230 元 |
| 4. 振藩截拳道入門 | 陳琦平著 | 220 元 |
| 5. 實用擒拿法 | 韓建中著 | 220 元 |
| 6. 擒拿反擒拿 88 法 | 韓建中著 | 250 元 |
| 7. 武當秘門技擊術入門篇 | 高翔著 | 250 元 |
| 8. 武當秘門技擊術絕技篇 | 高翔著 | 250 元 |

## ・中國武術規定套路・ 大展編號 113

| | | |
|---|---|---|
| 1. 螳螂拳 | 中國武術系列 | 300 元 |
| 2. 劈掛拳 | 規定套路編寫組 | 300 元 |
| 3. 八極拳 | 國家體育總局 | 250 元 |

## ・中華傳統武術・ 大展編號 114

| | | |
|---|---|---|
| 1. 中華古今兵械圖考 | 裴錫榮主編 | 280 元 |
| 2. 武當劍 | 陳湘陵編著 | 200 元 |
| 3. 梁派八卦掌（老八掌） | 李子鳴遺著 | 220 元 |
| 4. 少林 72 藝與武當 36 功 | 裴錫榮主編 | 230 元 |
| 5. 三十六把擒拿 | 佐藤金兵衛主編 | 200 元 |
| 6. 武當太極拳與盤手 20 法 | 裴錫榮主編 | 220 元 |

## ・少 林 功 夫・ 大展編號 115

| | | |
|---|---|---|
| 1. 少林打擂秘訣 | 德虔、素法編著 | 300 元 |
| 2. 少林三大名拳 炮拳、大洪拳、六合拳 | 門惠豐等著 | 200 元 |
| 3. 少林三絕 氣功、點穴、擒拿 | 德虔編著 | 300 元 |
| 4. 少林怪兵器秘傳 | 素法等著 | 250 元 |
| 5. 少林護身暗器秘傳 | 素法等著 | 220 元 |

6. 少林金剛硬氣功　　　　　　　楊維編著　250元
7. 少林棍法大全　　　　　　德虔、素法編著　250元
8. 少林看家拳　　　　　　　德虔、素法編著　250元
9. 少林正宗七十二藝　　　德虔、素法編著　280元
10. 少林瘋魔棍闡宗　　　　　　　馬德著　250元

## ・原地太極拳系列・大展編號 11

1. 原地綜合太極拳 24 式　　　　胡啟賢創編　220元
2. 原地活步太極拳 42 式　　　　胡啟賢創編　200元
3. 原地簡化太極拳 24 式　　　　胡啟賢創編　200元
4. 原地太極拳 12 式　　　　　　胡啟賢創編　200元
5. 原地青少年太極拳 22 式　　　胡啟賢創編　220元

## ・道 學 文 化・大展編號 12

1. 道在養生：道教長壽術　　　　郝勤等著　250元
2. 龍虎丹道：道教內丹術　　　　　郝勤著　300元
3. 天上人間：道教神仙譜系　　　黃德海著　250元
4. 步罡踏斗：道教祭禮儀典　　　張澤洪著　250元
5. 道醫窺秘：道教醫學康復術　　王慶餘等著　250元
6. 勸善成仙：道教生命倫理　　　　李剛著　250元
7. 洞天福地：道教宮觀勝境　　　沙銘壽著　250元
8. 青詞碧簫：道教文學藝術　　　楊光文等著　250元
9. 沈博絕麗：道教格言精粹　　　朱耕發等著　250元

## ・易 學 智 慧・大展編號 122

1. 易學與管理　　　　　　　　余敦康主編　250元
2. 易學與養生　　　　　　　　劉長林等著　300元
3. 易學與美學　　　　　　　　劉綱紀等著　300元
4. 易學與科技　　　　　　　　　董光壁著　280元
5. 易學與建築　　　　　　　　　韓增祿著　280元
6. 易學源流　　　　　　　　　　鄭萬耕著　280元
7. 易學的思維　　　　　　　　傅雲龍等著　250元
8. 周易與易圖　　　　　　　　　李申著　250元
9. 中國佛教與周易　　　　　　　王仲堯著　350元
10. 易學與儒學　　　　　　　　　任俊華著　350元
11. 易學與道教符號揭秘　　　　　詹石窗著　350元

## ・神 算 大 師・大展編號 123

1. 劉伯溫神算兵法　　　　　　　應涵編著　280元
2. 姜太公神算兵法　　　　　　　應涵編著　280元

國家圖書館出版品預行編目資料

怎樣投得遠/沈信生 主編
——初版，——臺北市，大展，民93（2004 年）
面；21 公分，——（運動精進叢書；2）
ISBN 957-468-314-1（平裝）

1. 田徑運動
528.943                              93008060

北京人民體育出版社授權中文繁體字版

## 怎樣投得遠                    ISBN 957-468-314-1

主　　編/沈 信 生
副 主 編/張 英 波
責任編輯/李　　良
插　　圖/王　　嘉
發 行 人/蔡 森 明
出 版 者/大展出版社有限公司
社　　址/台北市北投區（石牌）致遠一路 2 段 12 巷 1 號
電　　話/（02）28236031・28236033・28233123
傳　　眞/（02）28272069
郵政劃撥/01669551
網　　址/www.dah-jaan.com.tw
E－mail/service@dah-jaan.com.tw
登 記 證/局版臺業字第 2171 號
承 印 者/高星印刷品行
裝　　訂/協億印製廠股份有限公司
排 版 者/弘益電腦排版有限公司
初版 1 刷/2004 年（民 93 年）8 月

定　價/180 元